LE GUIDE DU NETWORKING POUR DÉVELOPPER VOTRE CLIENTÈLE

Groupe Eyrolles
61, bd Saint-Germain
75240 Paris Cedex 05

www.editions-eyrolles.com

ISBN : 978-2-212-56224-8

Maxime Maeght

LE GUIDE DU NETWORKING POUR DÉVELOPPER VOTRE CLIENTÈLE

À l'usage des professions du conseil : consultants, avocats, experts-comptables, SSII, etc.

EYROLLES

Ce livre est dédié à la mémoire de Jean-Luc Bengel,
fondateur des Éditions de Verneuil et directeur
de la rédaction de Gestion de fortune.

Avertissement

Les propos tenus par l'auteur dans cet ouvrage n'engagent que lui et ne sauraient impliquer son employeur de quelque manière que ce soit. Par ailleurs, les techniques et recommandations qui y sont décrites ont vocation à s'appliquer aux professions du conseil dans leur ensemble. Il appartient toutefois au lecteur d'apprécier leur conformité aux contraintes déontologiques spécifiques de sa profession.

Sommaire

Partie 2
S'informer pour influer

Partie 3
Savoir se rendre utile

Partie 4
Maximiser les prescriptions

PARTIE 5
ACCROÎTRE SA VISIBILITÉ

PARTIE 6
ENTRETENIR SON CARNET D'ADRESSES

Remerciements

Il serait difficile de citer tous les professionnels qui m'ont aidé dans le cadre de ce projet. Je remercie donc les nombreuses personnes qui m'ont consacré du temps, notamment : Caura Barszcz, Delphine Jouenne, Marine Robert, Emmanuel et Yves Gambart de Lignières, Jean-Matthieu Castellani, Étienne Gourdet, Paul Lubrano, Arnaud Sergent, Didier Busquet, Philippe Mendes, Thierry Gauthron, Fabrice Marinier, Pierre-Yves Rollet, Gilles de Courcel, Amaury Catrice, Jean-François Dufrasne, Sylvain Dorget, Nicolas Demange, David Spira, Errick Uzzan, Gilles Noël, Emmanuel Keller, Mathieu Roux, Antonin Marcus et Bertrand Sansen.

Pour leur aide précieuse dans le cadre de la définition de ce projet et leur apport décisif tout au long de sa rédaction, mes remerciements particuliers vont à mon éditeur, Florian Migairou, à Alain Clot, Jean-Christel Trabarel, Ivan Monème et Marie-Laure Cahier.

Je remercie également les avocats et salariés du cabinet Alerion ainsi que les membres du club Corporate Finance & Friends, mes amis et ma famille pour leurs encouragements.

Je souhaite enfin remercier Denise Martucci, Muriel Helvadjian, Aurélie Sultan, Édouard Duhamel, François-Xavier Mérigard, Cécilien Trauchessec et Mathieu Pinon pour leur soutien sans faille.

Avant-propos

Dans la mesure où il permet d'approcher des clients potentiels et de garder des liens avec les clients existants, le *networking*, ou réseautage, est précieux, peut-être même indispensable, pour certaines professions soucieuses de développer et d'entretenir un courant d'affaires. C'est le cas des professionnels du conseil, que ceux-ci interviennent pour des clients variés dans le cadre de missions régulières ou ponctuelles. Dans la mesure où ils s'appuient encore plus que d'autres sur les recommandations des membres de leur réseau pour renouveler leur clientèle, le réseautage semble en effet particulièrement pertinent pour eux.

Quels sont les professionnels concernés ?

Le présent ouvrage s'adresse en priorité aux professionnels du conseil souhaitant bénéficier d'une méthode de réseautage réaliste et efficace. Le coût d'une démarche réseau tenant principalement au temps passé, ce livre a pour vocation de permettre à chacun de ne pas laisser des opportunités s'échapper tout en lui consacrant un temps raisonnable. En clair, de réseauter en bénéficiant d'un retour sur investissement commercial.

Que le lecteur soit avocat, notaire, expert-comptable, commissaire aux comptes, auditeur, conseil en gestion de patrimoine, conseil en finance d'entreprise, consultant (stratégie, communication, recrutement, etc.), banquier d'affaires, conseil en propriété industrielle, consultant au sein d'une entreprise du secteur numérique (SSII par exemple), etc., l'objectif de l'ouvrage est de lui faire bénéficier d'une méthode de *networking* productif adaptée au contexte actuel.

Il est destiné aux personnes impliquées, ou ayant à cœur de le devenir, dans le développement de l'activité de leur structure (en phase de création ou jouissant déjà d'une certaine notoriété), qu'elles soient en charge de ces questions à titre principal ou à titre accessoire, ou encore qu'elles exercent leur activité au sein d'une société structurée ou de manière totalement indépendante (freelance).

Le lecteur peut aussi bien être un associé curieux de comparer ses méthodes de développement, un collaborateur soucieux de démontrer son aptitude sur ces sujets ou envisageant de créer sa structure, qu'un salarié dédié à la fonction commerciale. En outre, les étudiants et stagiaires en passe d'intégrer ces professions du conseil ont tout intérêt à examiner ces questions, ne serait-ce que pour prendre conscience de l'importance du réseautage dans leur vie professionnelle.

Enfin, comme beaucoup d'autres ouvrages, ce livre peut être lu par les acheteurs et utilisateurs de prestations intellectuelles désireux de comprendre les mécanismes propres aux professions du conseil qu'ils mandatent. Tout est une question d'angle de vue.

Des méthodes variées

Tous les professionnels du conseil ne réseautent pas de la même façon. En fonction de la durée des missions, du temps passé chez le client ou de la typologie de leur clientèle, les paramètres peuvent varier et l'approche peut être industrialisée ou personnalisée. Le réseautage est aussi une question de réglage.

Ce livre s'attache donc à illustrer différentes techniques à l'aide d'exemples et à mettre l'accent sur les pièges et effets pervers des différentes situations. À chacun de puiser ce qui l'intéresse et d'adapter sa pratique aux usages et à la déontologie de sa profession. Il s'agit davantage de bonnes pratiques utiles au lecteur, lequel pourra picorer parmi celles-ci pour mettre en œuvre celles qui lui correspondent, que de règles à suivre à la lettre.

Pour certains, le réseautage est trop facilement réduit à l'inscription sur un réseau social digital. Indéniable, l'impact de la nouvelle économie (moteurs de recherche, courriels, réseaux sociaux, sites d'information en ligne, etc.) sur le développement d'affaires par le réseau est pris en compte au fil des pages. L'ouvrage s'attache cependant à démontrer qu'une perspective de développement du chiffre d'affaires par le réseau ne saurait s'affranchir d'une approche traditionnelle plus qualitative. En effet, s'ils sont mal maîtrisés, les réseaux sociaux digitaux peuvent même avoir des effets négatifs parfois insoupçonnés (sous-valoriser les prescriptions et recommandations, favoriser l'identification d'opportunités business censées rester discrètes par le recoupement d'informations, etc.).

Qu'est-ce qui ne figure pas dans ce livre ?

Il semble important de préciser ce que ce livre n'est pas. Ce n'est ni un ouvrage de développement personnel ni un manuel de *business development* expliquant les mille et une manières de rédiger une convention d'honoraires par exemple. Les méthodes commerciales plus conventionnelles telles que le démarchage des prospects ou encore la possibilité de rémunérer un réseau d'apporteurs d'affaires ne sont pas évoquées, même si elles sont pour beaucoup complémentaires de cette approche réseau. C'est pourquoi ces techniques sont brièvement comparées à celles du réseautage dès les premières pages.

D'autres ouvrages traitant d'autres aspects du réseautage ou de sujets périphériques (comme le réseautage dans le cadre du travail, les appels d'offres, l'achat de prestations intellectuelles ou encore l'intelligence économique) sont cités tout au long du livre et dans la bibliographie. S'il le souhaite, le lecteur aura ainsi toutes les cartes en main pour confronter les idées développées ici avec celles d'autres auteurs ou encore approfondir certaines thématiques connexes. De même, la terminologie utilisée dans ce livre est celle de l'auteur. Les termes utilisés auront parfois un sens différent dans d'autres ouvrages. Afin d'éviter toute ambiguïté, chaque mot spécifique aux questions de réseautage est défini au fil des pages.

Enfin, l'auteur étant un homme, il ne peut qu'imaginer les spécificités du réseautage pour les femmes. Aussi a-t-il jugé utile de laisser immédiatement la parole à une femme qui connaît bien les professions du conseil, Caura Barszcz, pour évoquer brièvement ces questions.

Bonne lecture !

Trois questions à Caura Barszcz, fondatrice de *Juristes associés*

« Les femmes se déculpabilisent. »

Femme de réseau, Caura Barszcz est journaliste et consultante. Fondatrice de la revue *Juristes associés* et de sa maison d'édition, c'est une spécialiste des professions du conseil. Elle nous fait part de son expérience en termes de réseautage pour les femmes de ces métiers.

1. En termes de développement de leur clientèle, quelles difficultés connaissent les femmes du conseil?

Elles connaissent essentiellement deux types de difficultés. Les premières sont subjectives: les cabinets ont été créés par des hommes pour les hommes, et ceux-ci choisissent eux-mêmes plus naturellement des hommes comme dauphins. Pour accéder à l'association, les femmes doivent donc faire sauter ce plafond de verre en se faisant connaître et reconnaître. Elles ne doivent pas hésiter à se montrer, ce que naturellement les femmes font peu.

La deuxième série de difficultés est plus objective: les femmes doivent d'ordinaire mener de front leur vie familiale et leur vie professionnelle, ce qui nécessite de travailler autrement. C'est souvent très difficile, notamment en période de grossesse, pour une femme exerçant en profession libérale. Il arrive encore fréquemment qu'une professionnelle se voie reprocher, plus ou moins directement, une absence liée à un congé maternité.

Par ailleurs, une femme travaillant dans un environnement international devra souvent surmonter un certain nombre d'obstacles culturels. Dans certains pays, il est en effet mal vu de faire affaire ou de se faire conseiller par une femme. Celle-ci devra par ailleurs prêter attention aux codes des différents pays: accepter une invitation à dîner peut parfois être lourd de sous-entendus, alors qu'un dîner d'affaires sera parfaitement approprié ailleurs. Autant de difficultés que ne connaissent pas les hommes.

2. Inversement, disposent-elles d'atouts leur permettant de développer leur réseau et donc leur clientèle?

Quel que soit leur âge, les femmes peuvent se montrer très solidaires entre elles et se rendre beaucoup de services. Elles ont également réussi à se fédérer au fil du temps. Alors qu'au départ les clubs étaient uniquement fréquentés par les hommes, des réseaux de femmes se sont créés pour leur apprendre à utiliser leurs contacts. Ces clubs se réunissent à des moments qui permettent plus facilement de concilier vie personnelle et professionnelle, notamment lors de petits déjeuners.

De plus en plus de grandes sociétés de conseil ou de cabinets d'avocats par exemple mettent en place des programmes dédiés aux femmes. Ils leur permettent d'échanger entre elles et de favoriser l'émergence de talents. Il arrive même que ces différentes organisations croisent leurs réseaux entre elles. D'autres programmes permettent à des professionnelles du conseil d'échanger avec leurs clientes travaillant en entreprise et donc de tisser des liens très forts entre elles.

3. Les choses sont-elles en train d'évoluer ?

Oui, les choses évoluent, pour un certain nombre de raisons. Quelques exemples très basiques le prouvent. Les nouvelles technologies, notamment Internet, permettent par exemple plus facilement aux femmes de garder le contact avec leurs clients et relations en général lorsqu'elles ne sont pas au bureau. Les dirigeants des sociétés de conseil se rendent ensuite compte que le départ régulier de femmes expérimentées, qui n'ont pas été promues ou qui sentent à tort ou à raison qu'elles n'ont pas d'avenir, est économiquement lourd. Enfin, les politiques de diversité au sein des sociétés de conseil voulues et poussées par les clients deviennent une réalité. Or, la mixité fait partie intégrante de la diversité. Pour toutes ces raisons, les femmes sont en train de se déculpabiliser et de s'affirmer. On ne peut que s'en réjouir.

PARTIE 1

RÉSEAUTER : QUEL RETOUR SUR INVESTISSEMENT COMMERCIAL ?

Parce qu'ils sont diffus, il est difficile de mesurer les effets du réseautage. Pour autant, il convient d'essayer de réseauter de manière à obtenir un retour sur investissement maximal.

Chapitre

1 Prendre un bon départ

Le réseautage peut apporter beaucoup. Si chacun a sa propre manière de l'appréhender, il existe des bases communes à tous, fondées sur la courtoisie. Mais aussi d'autres méthodes plus classiques, telles que le démarchage ou la rémunération de l'apport d'affaires. Il peut être très instructif de les comparer au réseautage.

Fiche 1 COMPRENDRE L'UTILITÉ DU RÉSEAU

Le potentiel du réseau est souvent insoupçonné. Il offre pourtant de nombreuses opportunités. Dans un cadre commercial, il permet d'approcher des cibles ou d'être utile à des contacts qui pourront potentiellement l'être en retour. Si tout le monde dispose d'un réseau, peu de personnes l'utilisent de manière optimale.

En créant des liens et en les faisant vivre, le *networking* (on parle aussi de réseautage) revient à se rendre utile aux autres en espérant un retour. Le réseau a de nombreuses utilités, mais encore faut-il le nourrir pour en retirer un intérêt : il faut donner pour recevoir. Ne vous attendez donc pas à un retour sur investissement immédiat. Si vous comprenez les mécanismes du réseautage de votre secteur d'activité ou de votre métier, vous pouvez en revanche espérer bénéficier de précieuses retombées.

Réseauter consiste donc à créer et faire vivre un réseau de contacts sociaux et professionnels qu'il convient d'utiliser à son niveau (voir la fiche 5 – Définir son profil de réseauteur). Il est important de bien différencier la pratique du réseautage dans un cadre *informel* de l'adhésion à un réseau *formel* tel qu'un club ou une association professionnelle (voir le chapitre 10 – Adhérer à un club ou à une association).

Dans un cadre professionnel, une démarche de réseautage structurée est essentiellement utile pour :

- développer le chiffre d'affaires ;
- déceler des opportunités de recrutement ou favoriser une reconversion (changement de métier ou création d'une entreprise notamment).

Quelles vertus commerciales ?

Le professionnel du conseil n'est pas un prestataire comme les autres. Fournisseur de prestations intellectuelles, il peut parfois éprouver des difficultés à se différencier de ses concurrents. Aussi lui est-il nécessaire de créer une proximité bienvenue avec le client. Or, réseauter aide justement à développer des relations plus intimes, surtout si vous parvenez à vous rendre utile à vos contacts (voir la partie 3 – Savoir se rendre utile). Pour faire plaisir aux amateurs de terminologie commerciale, nous dirons donc que le réseautage peut aussi bien être utile pour *chasser* (conquérir de nouveaux clients) que pour *élever* (fidéliser les clients existants).

Le piège à éviter

Pour développer leur activité, les professionnels du conseil ne doivent pas se contenter de fréquenter leurs pairs. C'est pourtant un travers fréquent au sein de métiers corporatistes. L'idéal est au contraire de réseauter en priorité auprès de clients et de personnes susceptibles de vous recommander.

Avec ses multiples possibilités, le réseautage permet :

- De bénéficier de recommandations. Dans la mesure où le démarchage des clients et le commissionnement des apporteurs d'affaires ne sont souvent pas indiqués pour les professionnels du conseil, quand ils ne sont pas tout simplement interdits, ces professionnels ont un intérêt particulier à cultiver leur réseau. Encore plus que dans d'autres secteurs, ils s'appuient en effet tout particulièrement sur les recommandations pour renouveler leur clientèle (voir la partie 4 – Maximiser les prescriptions).
- D'utiliser des approches raffinées. Le réseautage permet de mettre en place des stratégies, sinon plus élaborées, du moins plus indirectes que celles offertes par le démarchage (voir la fiche 3 – Réseauter ou démarcher) pour séduire des clients. C'est un moyen d'atteindre des personnes par ailleurs sursollicitées avec lesquelles il serait difficile d'entrer en contact à l'aide de méthodes classiques. Le réseauteur usera volontiers d'une certaine forme de *lobbying* pour augmenter ses chances d'être mandaté, par exemple en faisant en sorte qu'une cible potentielle se sente d'elle-même redevable à la suite d'un précieux service rendu.

Effets corollaires du réseau

Au-delà du développement d'affaires, des effets corollaires du réseautage pourront se révéler profitables. Voici les principaux.

L'apport de notoriété

À un moment où la concurrence est sans cesse plus importante entre les professionnels du conseil, il est particulièrement utile de réseauter auprès d'interlocuteurs clés tels que les prescripteurs susceptibles de recommander un professionnel (voir la partie 4 – Maximiser les prescriptions) ou les journalistes spécialisés notamment. À la différence de la grande consommation par exemple, il ne faut pas nécessairement être connu de tout le monde mais plutôt être connu des bonnes personnes : celles qui seront des caisses de résonance particulièrement efficaces pour les clients visés.

> *Exemple : un consultant spécialisé dans les travaux d'études et de déploiement de fibre optique pour les télécommunications devra principalement être connu des professionnels et des journalistes de ce secteur.*

La recherche d'informations sur le marché

Réseauter permet de croiser un grand nombre de personnes qui, volontairement ou non, vous apporteront une quantité importante d'informations. Celles-ci conforteront parfois utilement vos conclusions, tandis que d'autres vous apprendront des choses totalement nouvelles sur les besoins du marché par exemple.

Bénéficier de retours d'expérience

Un simple coup de téléphone à un membre de son réseau permet parfois de résoudre un petit problème. Il est possible d'aller plus loin. Le *benchmarking* consiste schématiquement à comparer les modes d'organisation et méthodes des autres entreprises pour améliorer les siennes propres. Il doit être différencié de la veille concurrentielle dans la mesure où il nécessite une collaboration entre les différentes entités. Réseauter avec ses confrères ou avec des professionnels d'autres corps de métier peut permettre de nouer des liens favorisant la mise en place d'actions de *benchmarking*.

Affiner sa veille concurrentielle

Réseauter permet également de bénéficier d'une veille concurrentielle efficace. Le fait d'être en contact avec de multiples personnes, parmi lesquelles des clients d'autres structures, vous permettra parfois d'apprendre incidemment ce que sont les pratiques de vos concurrents.

Liens forts et liens faibles

S'il fallait ne connaître qu'une seule théorie, ce serait celle des liens forts et des liens faibles que le sociologue des réseaux américain Mark Granovetter a énoncée en 1973. Les liens forts sont ceux avec qui l'on entretient des relations soutenues et fréquentes, tandis que les liens faibles sont les contacts avec qui l'on échange le moins souvent. Très schématiquement, selon Mark Granovetter, les individus avec qui vous serez faiblement lié auront plus de chances d'évoluer dans des cercles différents des vôtres. Ils auront donc accès à des informations différentes de celles qui seront reçues par vos liens forts. C'est pourquoi la croissance de votre réseau passe avant tout par les liens faibles qui vous permettront de diversifier vos contacts.

Pour aller plus loin

Florent A. Meyer, *Pratiques de benchmarking*, Lexitis Éditions, 2011.

Fiche 2 S'INITIER AU RÉSEAUTAGE

Que celles-ci tiennent à votre caractère, à la composition de votre écosystème professionnel ou au temps dont vous disposez, il existe de multiples manières de réseauter. Il est cependant possible d'esquisser les grandes lignes d'une démarche réseau efficace et respectueuse de son interlocuteur. Celle-ci implique de proposer et non d'imposer.

S'il existe de multiples manières de réseauter, certains principes et usages du réseautage doivent être assimilés.

Les dix qualités essentielles du réseauteur

Pour que vos efforts de réseautage soient aussi efficaces qu'appréciés, efforcez-vous de vous montrer :

- **Accessible** : donnez envie à vos contacts existants ou potentiels d'échanger avec vous. Tâchez de vous montrer patient, par exemple en répondant à des questions sur votre activité professionnelle même si elles vous semblent déconnectées de la réalité ou que les réponses vous paraissent évidentes. Le réseautage revient à bien traiter tous ses contacts.
- **À l'écoute** : tout comme un commercial efficace doit savoir écouter son client pour cerner ses besoins, le réseauteur doit être attentif à ceux de ses contacts pour agir au bon moment. Aussi vous faudra-t-il comprendre ce qui intéresse votre interlocuteur, quitte à lire entre les lignes, afin de lui rendre service. Et réciproquement, si c'est lui qui vous a rendu service, faites preuve de souplesse en vous adaptant à ce qu'il souhaite : un *reporting* précis (par exemple sur les suites d'une mise en relation avec un prospect ou sur le volume annuel des dossiers apportés au cours d'une année), un service en retour ou encore des remerciements très formels.
- **Courtois** : sans être obséquieux, le réseauteur doit s'efforcer de rester courtois avec tout le monde, qu'il s'agisse de personnes qu'il connaît ou non. Il doit également savoir faire preuve d'humilité en s'excusant et en tentant de rattraper d'éventuelles maladresses, par exemple après avoir procédé à une mise en relation inappropriée (voir la fiche 21 – Effectuer une mise en relation).
- **Crédible** : Éviter de se survendre inspire confiance. Pour ce faire, proposez des choses réalistes et ne prenez pas d'engagements que vous ne pourrez pas honorer. Si vous vous tenez à cela, personne ne vous en voudra de ne pas

être parvenu à délivrer le service espéré. Le réseau implique une obligation de moyens et non une obligation de résultat. L'essentiel est de faire de votre mieux pour vous rendre utile.

- **Discret** : réseauter consiste également à savoir solliciter élégamment en proposant une idée ou en demandant une faveur au bon moment, tout en laissant le choix à son interlocuteur. Évitez de vous montrer intrusif : ne forcez pas les autres à subir vos idées et vos demandes. Sans réponse de la part de vos contacts, mieux vaut éviter de les relancer trop énergiquement.
- **Fiable** : il faut honorer ses engagements, même si cela doit être fait avec du retard. Gardez en tête que plus votre réseau sera important, plus cela sera difficile.
- **Imaginatif** : le réseautage procède d'une véritable gymnastique intellectuelle. Celle-ci consiste à se demander comment on peut être utile aux autres à l'aide de mises en relation, d'échanges d'information, etc. Les réflexes se développent au fil du temps, d'autant plus que le réseau nourrit le réseau. Réseauter nécessite de savoir exploiter des opportunités découlant les unes des autres, en tirant le fil de la pelote de laine, voire d'imaginer des opportunités dans un problème à résoudre.
- **Intègre** : soyez cohérent avec vous-même. De la même manière que chacun a sa propre éthique des affaires, chacun doit avoir sa propre éthique en termes de démarche réseau.
- **Partageur** : réseauter implique de donner pour espérer recevoir en retour, ce qui suppose de bannir toute vision trop égoïste et court-termiste. Il faut au contraire partager autant que possible avec les membres de son réseau. Évitez de tenir une stricte comptabilité de ce que vous avez apporté aux autres. Les services rendus ne sont pas *affectés* : être utile à quelqu'un dans un domaine peut donner lieu à un retour d'ascenseur de nature différente. Exploiter les opportunités réseau s'apparente parfois à une partie de billard à trois bandes. Les professionnels du conseil ont également tout intérêt à raisonner en équipe. Il convient par exemple de se demander si une démarche ne va pas gêner un de ses collègues ou associés ou si, au contraire, la démarche ne pourrait pas être optimisée en leur en parlant (voir la fiche 6 – Réseauter en équipe).
- **Tenace** : le réseautage s'inscrit dans la durée. Les opportunités présentées par votre réseau seront rares. Il vous faudra également les qualifier. Il faut donc laisser le temps faire son travail. Plus vous aurez d'occasions, plus vous serez vigilant et en mesure de les évaluer à leur juste mesure et d'en bénéficier. Aussi faut-il se montrer patient et investir dans la durée en entretenant ses contacts (voir la partie 6 – Entretenir son carnet d'adresses). Évitez également de vous montrer trop susceptible. Il arrivera fréquemment que l'on ne vous réponde pas ou que l'on vous oppose une fin de non-recevoir avec plus ou moins de délicatesse. Ne vous braquez pas pour cela.

Les usages du réseautage

Si chacun peut réseauter comme il le souhaite, des règles de bienséance méritent d'être respectées.

Qui se déplace ?

Considérez que c'est au demandeur de se déplacer. Le mieux est encore de laisser le choix à son interlocuteur lors de la proposition de rencontre.

Conseil

Proposer d'emblée un rendez-vous ou un déjeuner près des locaux de la personne que vous sollicitez permet de maximiser vos chances d'obtenir le rendez-vous.

Qui invite qui ?

Contrairement à beaucoup d'idées reçues, rien n'oblige à dépenser de grosses sommes d'argent pour présenter votre activité chez un prospect ou un prescripteur. Vous pouvez le faire dans les locaux des uns et des autres.

Il est également possible d'opter pour un petit déjeuner, moins onéreux et chronophage qu'un déjeuner. De même, il n'est pas toujours utile d'inviter des contacts dans des endroits hors de prix. Cela peut même se révéler contre-productif dans la mesure où ce type de repas dure souvent très longtemps, si bien que votre interlocuteur pressé pourrait se sentir pris en otage. Pire, il pourrait tout aussi bien penser qu'un tel train de vie se répercutera nécessairement sur les honoraires ou s'imaginer redevable envers vous après une telle invitation.

Remercier

Il faut savoir remercier lorsqu'un service est rendu. C'est également une occasion de rester en contact avec des personnes susceptibles d'être utiles ou des prescripteurs (voir la fiche 26 – Savoir remercier).

Demander la permission en cas de doute

Il faut s'écouter lorsque l'on pense qu'une situation est potentiellement problématique. Vos contacts seront très sensibles au fait que vous leur demandiez la permission de faire quelque chose. En général, cela désamorcera la situation et fera croître votre capital sympathie.

Exemple : un de vos contacts, qui vous mandatait régulièrement au nom de la structure qui l'employait, quitte celle-ci pour en rejoindre une autre. Voilà une occasion d'entrer en relation avec un nouveau client potentiel par son intermédiaire. L'idéal serait toutefois de réussir à conserver son précédent employeur dans votre portefeuille clients. Demandez à votre contact la permission de rester en relation avec ses anciens collègues. Non seulement il appréciera votre démarche, mais il ira même parfois jusqu'à vous recommander à son ancienne structure.

Combattre les idées reçues

Bien réseauter ne nécessite pas d'être un surhomme ou de tout calculer de manière froide.

Le réseautage revient-il à avoir une attitude franche ?

On réseaute pour pouvoir compter sur les gens en retour. Lorsque vous entrerez en contact avec une personne, vous vous demanderez ce que vous pouvez mutuellement vous apporter, directement ou par le biais d'une mise en relation avec un autre contact. Dans la mesure où les renvois d'ascenseur se font assez naturellement, vous n'avez pas à le cacher.

Nécessite-t-il d'avoir un bon relationnel ?

S'il faut s'efforcer d'être convivial et sympathique, réseauter ne requiert pas forcément des qualités relationnelles extraordinaires. Contrairement à ce que certains pensent, il n'est pas nécessaire d'être la personne la plus à l'aise dans toutes les situations. Dans son livre *Cultiver son réseau quand on déteste réseauter* (2011, p. 9), Devora Zack met d'ailleurs à mal tous les stéréotypes du réseautage sur ces questions (ne jamais prendre un repas seul, se mettre constamment en avant, etc.).

Exige-t-il de connaître énormément de monde ?

Contrairement à ce que beaucoup semblent croire, réseauter ne suppose pas nécessairement d'être connecté à la terre entière. Mieux vaut se concentrer sur des contacts bien qualifiés, utiles, plutôt que sur une multitude de contacts qui ne servent à rien. Et même si vous ne vous en rendez pas compte, vous connaissez vous aussi énormément de monde (voir la fiche 7 – Auditer son réseau).

Pour aller plus loin

Devora Zack, *Cultiver son réseau quand on déteste réseauter*, ESF Éditeur, 2011.

Fiche 3 RÉSEAUTER OU DÉMARCHER

Une démarche de réseautage vous permet d'être mis en relation avec un prospect sans que vous l'ayez sollicité directement. Plus fastidieux au premier abord que le réseautage, le démarchage permet cependant de multiplier les prises de contact avec des clients potentiels. Les deux approches peuvent être utilisées cumulativement, voire être mixées.

Le réseautage permet d'être contacté par le client sans avoir à le solliciter directement. Pour autant, le démarchage n'est pas forcément plus ingrat que le réseautage. S'il est plus répétitif et demande davantage d'effort au premier abord que le réseautage, il permet de multiplier les opportunités. La question est de savoir s'il est adapté aux professions du conseil. Celles qui peuvent le faire s'abstiennent parfois pour des raisons d'image ou parce qu'elles ne savent pas comment procéder.

À noter

Le démarchage est entendu ici comme l'action consistant à solliciter directement une structure que l'on ne connaissait pas précédemment afin qu'elle devienne cliente. Certaines activités (comme le démarchage bancaire et financier) appellent au respect d'une réglementation spécifique. Elles ne seront pas envisagées ici. La prospection est, quant à elle, l'action de rechercher de nouveaux clients à l'aide de multiples moyens directs ou indirects (publicité, etc.). Le démarchage est une forme de prospection directe.

Quelle opportunité pour vous ?

Plusieurs cas de figure doivent être distingués.

Le démarchage est purement et simplement interdit

Certaines professions réglementées n'ont absolument pas le droit de démarcher. D'autres le peuvent aujourd'hui sous certaines conditions. C'est notamment le cas, en France, pour les experts-comptables et pour les avocats. Pour ces derniers, on parle de sollicitation personnalisée.

Le démarchage ne se prête pas à la situation

Certains professionnels spécialisés dans des missions délicates et confidentielles pour leurs clients peuvent difficilement démarcher ceux-ci. Ils sont bien plus souvent recommandés par des tiers qui ont la confiance du client.

Le démarchage se prête à la situation

Le démarchage est souvent pratiqué par de nombreux consultants soucieux de faire connaître leur offre de service à une large cible. Dans certains cas, des sociétés de conseil choisissent de ne recourir au démarchage que pour certaines activités ou dans une situation particulière (pour faire connaître une toute nouvelle offre de service ou dans le cadre d'une implantation dans un pays étranger par exemple). Si vous choisissez de recourir au démarchage, prenez le temps d'élaborer une stratégie et de vous fixer vos propres règles : faudra-t-il utiliser le courriel personnalisé, le *mass mail*, le téléphone ? Vous autorisez-vous à relancer des contacts ? Dans quelles situations ? Autant de questions à trancher.

À noter

En France, les opérations de prospection commerciale sont soumises au respect des dispositions de la loi « informatique et libertés ».

Davantage d'opportunités

Comparons le démarchage et le réseautage.

Le démarchage est sans limites

En se cantonnant au réseautage, il n'existe pas tout le temps des opportunités, au moins lorsqu'on commence ses efforts. Inversement, un commercial utilisant des méthodes classiques de démarchage dispose d'opportunités beaucoup plus nombreuses. Il peut solliciter autant qu'il le souhaite. Les courageux finissent par être récompensés.

Le démarchage permet d'espérer des résultats plus rapides

Il permet également de se rassurer en remplissant son carnet de rendez-vous bien plus rapidement. Mais, sur le long terme, le réseau est extrêmement puissant. Autant utiliser les deux.

Le démarchage est sans détour

Il n'oblige pas à se rendre utile au client ou à trouver des prétextes pour entrer en relation. Votre prospect comprendra tout de suite pourquoi vous le contactez.

Mixer démarcharge et réseautage

Tout n'est pas tout blanc ou tout noir. Pourquoi ne pas mixer démarcharge et réseautage ?

En prenant contact sur les conseils d'un tiers

Il est par exemple possible de contacter directement un interlocuteur décisionnaire clairement identifié, sur les conseils d'un tiers ayant donné son accord. Dans ce cas, il faudra préciser élégamment et rapidement sur les conseils de qui le contact est pris.

Bien évidemment, plus le tiers de confiance sera crédible aux yeux de votre prospect, mieux il en sera. Si vous avez le choix entre plusieurs personnes susceptibles de vous recommander, réfléchissez bien. Pour déterminer qui sont ces tiers susceptibles de vous mettre en relation, les réseaux sociaux digitaux pourront parfois être utiles (voir la fiche 40 – Rechercher des informations).

En gardant contact avec les personnes démarchées

Ne mettez pas les gens dans des cases. Des personnes rencontrées dans le cadre d'une action de démarchage qui n'aurait pas abouti pourraient vous être utiles dans le cadre de votre démarche réseau, par exemple pour vous mettre en relation avec d'autres prospects. Elles pourraient même devenir clientes un jour. Proposez-leur de rester en contact avec vous.

Pour aller plus loin

Stéphane Adnet, *Acheter et vendre du conseil*, Eyrolles, 2008.

Michaël Aguilar, *Vendeur d'élite*, Dunod, 2011 (5e ed.).

René Moulinier, *Prospection commerciale*, Eyrolles, 2012 (3e ed.).

Pascal Py, *Le Responsable commercial et son plan d'actions commerciales*, Eyrolles, 2014.

Pascal Py, *Méthodes et astuces pour conquérir de nouveaux clients*, Eyrolles, 2009 (3e ed.).

OPTER POUR LA GRATUITÉ

L'apport d'affaires rémunéré doit être manié avec précaution. S'il est tentant, ses modalités pratiques doivent être bien encadrées. Interdit par les règles ordinales de certaines professions, il n'est pas pertinent pour toutes les professions du conseil.

Interdit pour certaines professions, l'apport d'affaires rémunéré consiste à commissionner les personnes présentant des affaires à une autre. Séduisant et logique de prime abord, il nécessite de clarifier un grand nombre de questions. Le simple renvoi d'ascenseur, caractéristique du réseautage, est plus fluide et implique moins de discussions.

Instaurer une politique de rémunération de l'apport d'affaires demande de mettre en place et d'animer un réseau de personnes susceptibles de présenter des opportunités qualifiées. C'est en cela que le réseautage et l'apport d'affaires se rejoignent. Pour certains, cette démarche doit plutôt être effectuée en interne, en recrutant un *senior advisor* (voir l'encadré p. 18).

UTILE DANS QUELS CAS ?

À chacun de réfléchir aux situations susceptibles d'être rencontrées et pour lesquelles cette rémunération pourrait sembler appropriée. Plusieurs cas de figure existent.

Pour les missions ponctuelles

Il peut être pertinent de verser ou de percevoir une commission d'apport d'affaires assez substantielle.

> *Exemple : dans la mesure où il s'agit de grosses opérations ponctuelles, les cessions d'entreprises pourraient plus facilement se prêter au versement d'une commission par une société de conseil en fusions-acquisitions à un intermédiaire lui présentant le cédant.*

Pour les missions récurrentes

Un professionnel sera souvent testé pour de petites missions avant que de plus gros dossiers ne lui soient confiés. L'apporteur d'affaires, rémunéré par une commission versée par ce professionnel du conseil, devra trouver un terrain d'entente avec ce dernier pour que les missions suivantes, souvent financièrement plus intéressantes, donnent également lieu au versement d'une commission.

> *Exemple : un conseil en stratégie pourra être testé sur de petites missions par un grand compte avant qu'il ne le mandate pour une mission plus importante. Il serait dommage que l'intermédiaire ne soit rémunéré que sur la première mission.*

Pour rééquilibrer les relations

Certains professionnels sont plus à même de recommander des contacts que d'autres. Aussi peuvent-ils être frustrés de voir ces prescriptions se faire toujours à sens unique. Le versement de commissions d'apport d'affaires, lorsqu'il est autorisé, peut contribuer à rééquilibrer ces situations, d'autant que certaines personnes sont par nature très dubitatives quant à la réalité du renvoi d'ascenseur.

Quelles modalités ?

De multiples questions doivent être envisagées.

Comment attribuer l'origine de l'affaire ?

Cela dépend des situations. Certaines boutiques de conseil en fusions-acquisitions envisagent de rémunérer l'apporteur d'affaires en fonction de son implication dans le dossier (par exemple de 5 à 20 %, voire 25 %, de commission sur les honoraires perçus). Cette commission avoisine plutôt 10 % pour les conseils en stratégie et en organisation.

Une commission pour quoi ?

Il est possible de verser une petite commission à un tiers après avoir présenté un prospect qui aurait par exemple généré une proposition d'honoraires, même si celle-ci n'a pas été suivie d'effet. Cette technique ne semble pas adaptée aux professions du conseil. Une commission d'apport d'affaires représentera plus facilement un pourcentage des honoraires effectivement encaissés.

Avoir une valeur en tant qu'apporteur d'affaires ne signifie pas seulement donner le nom d'un contact à appeler quand une occasion se présente, surtout lorsque l'enjeu est important pour le prospect. Pour que cette mise en relation soit valorisée, il faut avoir un impact sur lui. En effet, à moins que votre société ne propose une expertise extrêmement différenciante ou s'appuie sur une notoriété très forte sur le secteur du prospect, vous ne pourrez pas aisément vous démarquer de vos concurrents. C'est là qu'un apporteur d'affaires pourrait offrir une valeur ajoutée. S'il a la confiance du client, ce dernier prendra plus facilement attache avec le professionnel. Cela suppose donc que l'apporteur d'affaires connaisse bien la société de conseil. C'est pour cela que certaines d'entre elles ont fait le choix d'internaliser cette fonction.

Le piège à éviter

Pour ne pas se décrédibiliser, l'apporteur d'affaires doit à tout prix éviter de présenter des prospects sans intérêt. C'est pourtant fréquent. Le prospect peut par exemple être facile à aiguiller vers la société tout simplement parce qu'il fait le tour des boutiques de la place. Il peut tout aussi bien questionner la société de conseil pour prendre de l'information sans avoir aucune velléité de la mandater.

Référencer les apporteurs en amont ou non ?

Selon les cas, il pourra être judicieux de référencer les apporteurs d'affaires en amont et de leur faire signer des conventions. Efforcez-vous de choisir des personnes de qualité susceptibles de vous présenter des opportunités qualifiées. Dans d'autres cas, vous pourrez également décider de convenir d'une rémunération sous forme de commission juste avant la présentation d'un dossier.

Un souci éthique ?

Certains verront des problèmes éthiques au versement d'une commission. Il peut en effet s'avérer problématique de verser une commission d'apport d'affaires dans certains secteurs économiques réputés sensibles, en France ou à l'étranger.

Avantages et inconvénients de l'apport d'affaires

AVANTAGES	INCONVÉNIENTS
Il permet d'enrichir ses actions commerciales.	Il implique une certaine réciprocité : « Je te rémunère, tu me rémunères. »
Il permet de récompenser quelqu'un qui vous a rendu service en vous présentant un client.	Discussion sur l'opportunité ou non de toucher une commission. .../...

.../...

AVANTAGES	INCONVÉNIENTS
Il est utile si les rapports de prescription restent à sens unique.	Il peut être tentant de contourner l'apporteur d'affaires.
	Il implique une certaine gestion administrative.

Refuser stratégiquement le versement d'une commission ?

Dans certains cas, il pourra être plus judicieux de refuser qu'une commission vous soit versée afin que votre interlocuteur se sente plus redevable envers vous, surtout si cette commission ne représente pas un montant significatif pour vous. Et inversement, votre contact prescripteur potentiel se sentira libéré de sa dette à votre égard s'il vous a rémunéré à l'aide d'une commission ou d'un partage d'honoraires. Si, stratégiquement, vous savez que ce professionnel est en mesure de vous présenter des dossiers intéressants, vous aurez parfois tout intérêt à lui proposer de ne pas vous verser de commission et à l'inviter à vous recommander lorsqu'il en aura la possibilité. Saisissez également cette occasion pour lui rappeler quel type de dossier vous pouvez traiter. Enfin, si votre interlocuteur vous envoie un dossier, vous n'aurez logiquement pas à lui verser de commission d'apport d'affaires si vous n'en avez vous-même pas reçu.

Le *senior advisor* : stratège et ouvreur de portes

Tout comme les fonds d'investissement, certaines sociétés de conseil en fusions-acquisitions ou en stratégie par exemple recrutent des *senior advisors*. Ceux-ci sont souvent des professionnels occupant ou ayant occupé des fonctions importantes dans une entreprise ou dans un secteur.

Les missions d'un *senior advisor* sont à géométrie variable :

- être utile pour ouvrir des portes : l'*advisor* peut donner accès à des dirigeants qu'il a côtoyés au gré d'opérations ;
- faire bénéficier la structure qui l'héberge d'informations privilégiées (rumeurs d'opérations futures ou de recherche de partenaires par exemple) ;
- servir de référent sur le secteur qu'il connaît.

.../...

.../...

Du côté du *senior advisor*, l'intérêt peut être :

- de continuer à exister professionnellement alors que sa carrière devrait normalement toucher à son terme ;
- d'être rémunéré pour cette position ;
- de se servir de cette fonction en guise de piste de reconversion pour un nouveau poste.

Pour aller plus loin

Stéphane Adnet, *Acheter et vendre du conseil*, Eyrolles, 2008.

Pascal Py, *Le Responsable commercial et son plan d'actions commerciales*, Eyrolles, 2014.

Chapitre

2 Animer ou ranimer son réseau

Tout le monde dispose d'un réseau mais tout le monde ne réseaute pas de la même manière. Avant de vous lancer dans une démarche de réseautage active, cartographiez votre réseau et réfléchissez aux méthodes qui sont les plus adaptées pour vous.

Fiche 5 DÉFINIR SON PROFIL DE RÉSEAUTEUR

Il existe de nombreux types de réseaux et de nombreuses manières de réseauter. À vous de réfléchir à vos atouts pour déterminer quelle stratégie vous conviendra le mieux.

Il vous revient d'affiner votre démarche selon le degré d'implication voulu, qu'il s'agisse de votre activité professionnelle à plein temps ou non. Rares sont les professionnels dont l'activité se cantonne au réseautage. En revanche, tout le monde peut inclure une dose de réseautage dans sa vie de tous les jours. Il faut en priorité essayer de garder le contact avec les bonnes personnes (voir l'encadré p. 25).

Il existe de multiples profils de réseauteurs. Leurs caractéristiques tiennent :

- à l'aisance relationnelle de chacun : certaines personnes sont naturellement douées pour créer et maintenir le contact avec d'autres personnes ;
- au métier exercé : certaines professions permettent de croiser beaucoup de monde, qu'il s'agisse de clients ou d'anciens collègues. Savoir garder le contact est précieux ;
- aux acquis : ceux-ci peuvent notamment relever du réseau familial ou d'une activité professionnelle antérieure.

Réseauter ne signifie pas forcément disposer d'un carnet d'adresses impressionnant et d'un pouvoir énorme. Agissez en fonction de vos capacités, du temps que vous pouvez consacrer au réseautage et de vos objectifs. Il est possible de réseauter à tous les niveaux (voir la fiche 20 – Miser sur les stagiaires).

Différents types de réseaux

Très schématiquement, plusieurs types de réseaux peuvent être distingués.

Le réseau hérité

Certaines personnes bénéficient d'un réseau qui leur vient de leurs proches (famille, belle-famille, etc.). S'agit-il vraiment de leur réseau ? Connaître des personnalités susceptibles d'être contactées n'est pas utile si vous ne pouvez pas, n'osez pas ou ne savez pas comment le faire. Dans certains milieux ou pour certaines personnes, il n'est en effet pas convenable de contacter autrui pour lui demander un service ou une introduction. Or, savoir réseauter consiste aussi à savoir solliciter élégamment. Ainsi, une personne débrouillarde utilisant ce réseau comme point de départ bénéficiera d'une avance plus que confortable.

Le réseau de haut vol

Il s'agit d'une personne expérimentée, ayant occupé de très hautes fonctions et bénéficiant d'un carnet d'adresses très fourni chez les décideurs.

> *Exemple : dans la chasse de têtes très haut de gamme, il est possible de recruter un ancien membre de comité de direction disposant d'une forte notoriété dans son secteur. À charge pour lui d'animer son réseau pour trouver les mandats ou les bonnes personnes à chasser parmi ses anciens pairs.*

Le réseau limité

Certaines personnes disposent d'un réseau très efficace mais circonscrit à une industrie par exemple. Elles peuvent difficilement en changer sans perdre le bénéfice de leur carnet d'adresses.

> *Exemple : un ancien cadre ayant effectué toute sa carrière dans l'industrie automobile décide de lancer son activité de consultant dans la formation, l'audit et la conduite de projet dans ce même secteur. Ses expériences passées au sein de cette industrie lui permettront de justifier de sa compétence dans ce secteur tandis que ses contacts décisionnaires l'aideront à être mandaté plus facilement. Il serait probablement bien plus difficile pour lui de vendre des missions dans un autre secteur industriel.*

Le réseau sur mesure

Certaines personnes peuvent être recrutées pour leur capacité à créer et à modeler un réseau sur mesure, à la demande de leur employeur. Elles ont un fort potentiel de construction de réseau. Ces réseauteurs professionnels sont capables de s'adapter à des écosystèmes complètement différents.

Le réseau diversifié

Il est nécessaire de connaître le ou les bons interlocuteurs susceptibles de prendre la décision de vous mandater. Aussi faut-il disposer d'un réseau diversifié en termes de tranches d'âge, de niveau hiérarchique, etc. Contrairement à certaines idées reçues, connaître des personnes trop haut placées dans l'organigramme est parfois contre-productif. Il faut donc s'efforcer de renouveler un réseau vieillissant.

> *Exemple : un banquier d'affaires intervenant dans bon nombre de missions s'attachera à connaître des jeunes responsables de la croissance externe comme des présidents de groupe.*

Le réseau à fort potentiel

Certaines personnes encore jeunes disposent d'un fort potentiel grâce à leurs fonctions ou études. Elles ne s'en rendent pas toujours compte.

> *Exemple : certains hauts fonctionnaires disposent d'un réseau qui leur permet de se revendre dans des grands groupes privés, à des postes de secrétaire général par exemple.*

Le réseau d'anciens

Certaines grandes sociétés de conseil ont développé un esprit de corps particulier, et repérer un ancien de ces sociétés dans l'organigramme de votre cible pourra certainement vous aider à transformer l'essai. Il vous faut donc impérativement garder le contact avec vos camarades d'école et anciens collègues.

Conseil

S'ils s'en défendent, beaucoup de professionnels aiment les clones. Par confort, conformisme ou par ego, certaines personnes aiment mandater les personnes qui leur ressemblent. Au besoin, mettez en avant les informations qui favoriseront ces réflexes corporatistes.

Réseau personnel ou réseau professionnel ?

Ces réseaux s'entremêlent souvent. Le réseau se construit à toutes les étapes de la vie, sans que l'on s'en rende nécessairement compte. Il peut aussi bien s'agir du réseau amical que du réseau étudiant. Les contacts noués pendant les études supérieures sont particulièrement précieux. Un étudiant a tout intérêt à commencer à développer son réseau. Il sera heureux de chercher ses premières pistes chez ses anciens camarades de promotion lorsque ses supérieurs l'inciteront à contribuer au développement de sa structure. Il est enfin essentiel de garder contact avec tout son écosystème professionnel. Vous pouvez aussi bien le faire vous-même que vous servir des associations d'anciens (voir la fiche 35 – Intégrer un réseau d'anciens).

Faut-il cloisonner ?

Un grand nombre de personnes s'accordent à dire qu'il ne faut pas trop attendre du réseau personnel. Ce n'est pas parce que ce sont vos amis qu'ils vont vous mandater ou vous recommander.

Des passerelles parfois utiles

Le réseau personnel peut être un point de départ pour commencer à développer son réseau. De la même manière, un contact professionnel peut devenir un contact personnel. Si vous souhaitez éviter de solliciter votre réseau privé par peur de mauvais retours, ne laissez pas pour autant de très belles occasions de nouer des relations s'échapper.

> *Exemple : même si ce n'est pas le but premier de votre venue à la fête de l'école, les parents des camarades de classe de vos enfants pourront parfois devenir d'excellents contacts professionnels.*

Garder le contact avec les bonnes personnes

Certaines personnes méritent une attention toute particulière : elles peuvent vous être utiles directement ou vous mettre en relation avec leurs contacts. Ne vous y trompez pas : ces personnes peuvent être très discrètes. Les plus intéressantes ne sont pas nécessairement les plus démonstratives ou les plus exposées. Soit elles connaissent beaucoup de monde, soit leur poste présente un intérêt tout particulier pour vous dans l'entreprise. À cet égard, les assistantes de direction ne doivent en aucun cas être négligées dans la mesure où elles peuvent être très informées de certains projets ou vous permettre d'entrer plus facilement en relation avec un contact.

Fiche 6 RÉSEAUTER EN ÉQUIPE

Optimiser une démarche de réseautage dans une entreprise structurée, quelle que soit sa taille, impose de travailler en équipe. Cela permettra notamment de développer les ventes croisées.

Réseauter en équipe nécessite d'échanger librement sur les différentes opportunités générées par chacun des membres de la structure. L'idéal est de mettre en place un système visant à mieux connaître la clientèle. Cela peut par exemple consister à organiser des réunions périodiques pour échanger sur les nouveaux prospects ou à mettre en place un logiciel de gestion de la relation clients (voir la fiche 50 – Gérer efficacement ses listes de contacts). Outils internes souvent collaboratifs, ces logiciels proposent par exemple des onglets spécifiques permettant de détailler les différentes pistes de développement.

Réseauter en équipe peut aussi bien contribuer à éviter les faux pas qu'à amplifier une démarche. Cela permet également de développer les ventes croisées entre les différents départements de la société.

ÉVITER LES FAUX PAS

Les faux pas découlent d'un manque de communication entre les membres de l'équipe. Ils peuvent être à l'origine de certains problèmes.

Des incompréhensions du côté du client

Deux démarches sont initiées en même temps auprès du même compte sans que les personnes intéressées se soient concertées.

> *Exemple : un associé spécialisé dans le conseil en stratégie d'un grand groupe de consulting initie des contacts avec une société, dont il pense qu'elle n'est pas cliente, sans savoir qu'un autre département travaille déjà de longue date pour l'une de ses filiales sur des problématiques de conduite du changement dans le secteur informatique. La société cliente pourrait s'étonner, peut-être même prendre ombrage, que le consultant en stratégie ne sache pas qu'elle fait partie du parc de clientèle du groupe.*

Des tensions

Lorsque aucune discussion n'a eu lieu sur les prochaines cibles, plusieurs personnes essaient de réseauter auprès des mêmes décisionnaires, allant parfois jusqu'à se concurrencer entre elles sans le savoir ou, pire, en le sachant.

Le piège à éviter

Il faut impérativement éviter de critiquer les méthodes de travail d'un autre consultant auprès des clients, même sur le ton de la plaisanterie. Cela serait d'autant plus malvenu si vous revendiquiez un traitement homogène des dossiers au sein de votre structure.

Des actes manqués

Un client potentiel n'a pas été approché avec la précision nécessaire par l'un des membres de l'équipe. Or, une personne du groupe disposait justement de contacts extrêmement utiles pour cette approche.

> *Exemple : ancien employé de la direction financière d'un groupe de grande distribution, ce collaborateur connaît la politique du groupe en matière d'achats de prestations intellectuelles. Dommage qu'il n'ait pas été consulté par l'associé de cette société d'expertise comptable souhaitant proposer ses services en termes de consolidation des comptes.*

Des maladresses

Elles consistent à ne pas demander à son collègue ou associé s'il voit une objection à ce que vous proposiez quelque chose à un client (par exemple une mise en relation avec un autre client) avant de le lui proposer.

Amplifier une démarche

Servez-vous des contacts de vos associés ou de vos collaborateurs pour appuyer une démarche. Posez-vous honnêtement quelques questions : est-ce que votre collègue qui a précédemment travaillé dans cette entreprise ne connaît pas quelqu'un susceptible de vous aider ? Est-ce qu'il n'est pas mieux placé pour échanger avec ces contacts ? Souvenez-vous que de nombreux professionnels aiment travailler avec des gens qui leur ressemblent et essayez de faire venir au rendez-vous cet ancien consultant formé aux mêmes méthodes que votre prospect.

Conseil

On ne soupçonne pas toujours l'étendue du réseau de ses collègues. Pour vous aider à savoir qui connaît qui, les réseaux sociaux digitaux pourront vous faire gagner beaucoup de temps (voir la fiche 40 – Rechercher des informations).

Quand se poser les questions ?

Si ces questions de réseautage en équipe doivent être posées aussi souvent que possible, certains temps forts y sont particulièrement propices :

- au moment des vœux de fin d'année (voir le chapitre 14 – Profiter des vœux de fin d'année) ;
- lors de l'organisation d'un événement (voir la fiche 46 – Organiser un événement) ;
- lors de la réalisation d'une étude de marché auprès des clients.

Pour aller plus loin

Jérôme Rusak, *Études de marché et développement clients*, EMS, 2014.

AUDITER SON RÉSEAU

On ne soupçonne souvent pas le nombre de personnes que l'on connaît. Auditer son réseau permet de se rendre compte que l'on dispose d'énormément de contacts. Il est primordial de cartographier son réseau et de réfléchir aux personnes qui sont particulièrement utiles pour les rechercher en priorité.

Chacun dispose d'un réseau constitué d'anciens collègues, de camarades de promotion, d'amis, etc. Beaucoup de personnes minimisent sa puissance alors qu'il est pourtant très étendu. N'évaluez pas sa force en prenant uniquement en compte votre réseau direct. Les contacts de vos contacts pourront vous être très précieux pour pénétrer de nouveaux cercles. Avant de vous intéresser à ces questions, commencez par lister les personnes que vous connaissez, même si vous les avez perdues de vue depuis un moment.

À noter

Reconstituer son réseau est aussi une bonne manière de faire face à des périodes de découragement (voir la fiche 9 – Lutter contre les phases d'essoufflement).

Lister les personnes connues

Voici quelques catégories dans lesquelles vous pouvez chercher des personnes avec qui garder ou renouer le contact :

- amis ;
- anciens clients ;
- prescripteurs ;
- camarades d'études supérieures ;
- anciens collègues ;
- entreprises dans lesquelles vous avez été stagiaire ;
- personnes croisées à des événements professionnels et privés.

Agissez avec méthode et, chaque fois qu'une idée de personne vous vient, notez-la pour ne pas la perdre. Ne soyez pas timide. Les personnes avec qui vous reprendrez contact seront généralement ravies de vous revoir ou d'avoir de vos nouvelles. Il faudra cependant procéder avec élégance (voir l'encadré p. 30). Les nouvelles technologies seront enfin d'une aide précieuse pour relier ces personnes.

L'apport des nouvelles technologies

Les nouvelles technologies permettent aujourd'hui d'être aidé dans la gestion de ces informations. Certains outils sont devenus incontournables :

- les moteurs de recherche : ils permettent très simplement de rechercher des personnes dont vous pensiez que vous ne pourriez plus jamais retrouver la trace ;
- les réseaux sociaux digitaux : de plus en plus de personnes sont référencées sur des réseaux tels que LinkedIn ou Viadeo. Ils permettent de les retrouver très facilement.

Catégoriser ces personnes

Faites une cartographie de votre réseau. Il faudrait idéalement connaître le plus de prospects et de prescripteurs possible. Mais les autres catégories de personnes ne doivent pas être négligées pour autant. On ne sait pas qui va devenir quoi. Réfléchissez aux catégories de personnes qui sont les plus susceptibles de vous être utiles à l'avenir.

> *Exemple : un jeune expert-comptable commissaire aux comptes connaissant peu d'avocats en droit des sociétés aura dans un premier temps tout intérêt à se faire connaître d'un grand nombre de cabinets afin de multiplier les occasions de prescription. Un banquier d'affaires soucieux d'intervenir dans les cessions d'entreprises aura, lui, tout intérêt à rencontrer des experts-comptables. Conseillers des chefs d'entreprise, ils sont souvent très au fait des projets de ces derniers.*

Reprendre contact avec élégance

Il est très facile de reprendre contact avec des connaissances perdues de vue, que celles-ci appartiennent à un réseau amical ou à la sphère professionnelle. Évitez juste de vous positionner en demandant directement un service. Cela manque de panache. Ne vous escrimez pas pour autant à trouver un prétexte. Expliquez simplement que vous souhaitez avoir des nouvelles de cette personne, en prenant un café par exemple, dans un mail dont l'objet pourrait simplement être : « Reprise de contact ». Cela vous permettra de prendre date. Si vous avez un jour un service à lui demander, il sera beaucoup plus facile de le faire dans la mesure où il y aura eu précédemment un échange. À condition que les deux demandes aient été suffisamment espacées bien sûr...

Chapitre

3 Réfléchir à long terme

Le réseau ne se conçoit que dans une démarche à long terme. Il demande de la patience et permet de favoriser des contacts insoupçonnés.

Fiche 8 APPRENDRE À MESURER LES EFFETS

Le réseau est un investissement, en temps principalement. Il ne faut pas s'attendre à obtenir des retombées d'emblée. Des effets directs sont mesurables et, si vous y réfléchissez bien, certains effets indirects de vos actions de réseautage vous montreront que vous êtes sur la bonne voie.

Vous le savez, exception faite de la chance du débutant, les effets du réseautage ne se font souvent sentir que tardivement. Comment chiffrer ces retombées ? La plupart des professionnels ont coutume de dire que ces effets surviennent à partir des trois premières années écoulées. Il ne faut surtout pas se décourager. Très probablement au moment où vous ne vous y attendrez pas, vous connaîtrez une phase de montée en puissance de votre réseau.

Des effets plus ou moins mesurables

Les dossiers traités grâce au réseau

Comptez le nombre de dossiers apportés ou au moins présentés par des contacts (voir le chapitre 15 – Mesurer son potentiel et sa progression).

> *Exemple : quantité de mises en relation pour des missions de commissariat aux comptes par les cabinets d'avocats que vous avez approchés au cours des dernières années se sont transformées.*

Les retours d'information

Ces retours peuvent être très variables.

> *Exemple : afin de savoir avec quel acteur ce groupe non coté en Bourse travaille la plupart du temps, vous pouvez solliciter une relation susceptible de vous informer. Il pourra par exemple s'agir d'un ex-employé de ce groupe ou d'un professionnel du conseil qui a travaillé un certain temps pour lui.*

La veille concurrentielle

Vous pouvez par exemple être informé au gré de discussions avec des clients travaillant régulièrement avec de nombreux conseils.

À noter

S'agissant des retours d'information (clients ou veille concurrentielle), l'expérience montre qu'il faut d'abord compter sur les retours d'information spontanés plutôt que sur l'information précise trouvée à la demande. À moins que vous ne disposiez d'un réseau extrêmement fourni et sachiez parfaitement vous en servir bien évidemment.

La notoriété

A contrario, à moins de déployer des moyens considérables, ce qui est plutôt le cas des grandes marques, la notoriété d'une structure de conseil sera difficilement mesurable.

Capitaliser sur le réseau

Le réseau est un investissement. Il faut sans cesse faire tourner le moteur à l'aide du carburant que sont les contacts. Pour se motiver, l'idéal est de garder en tête qu'un réseau patiemment constitué peut être très utile au moment d'un changement de carrière. C'est davantage le cas dans les professions du conseil s'adressant à un grand nombre de clients différents que dans des secteurs très précis.

Fiche 9 LUTTER CONTRE LES PHASES D'ESSOUFFLEMENT

Il y aura nécessairement des phases d'essoufflement dans votre activité de réseautage, voire dans votre programme si vous en avez conçu un. Essayez de ne pas vous décourager en faisant le point régulièrement sur le chemin parcouru.

Est-il raisonnable de tout miser sur le réseautage ? À moins d'être un expert, cela semble délicat. Il serait plus sensé d'ajouter une pincée de réseautage à vos actions quotidiennes en évitant autant que possible de laisser passer des opportunités.

Faire le bilan

Il est important de trouver des moyens pour se remotiver. Faire le bilan peut être utile. Considérez certains aspects positifs :

- vous avez appris beaucoup de choses ;
- vous avez rencontré beaucoup de monde : certains contacts pourront vous être utiles à l'avenir ;
- vous avez pu recommander quelques personnes : celles-ci sont susceptibles de vous recommander à leur tour lorsqu'elles en auront l'occasion, certainement au moment où vous vous y attendrez le moins ;
- vous êtes de plus en plus souvent sollicité pour présenter votre activité. Cela finira bien par générer des missions.

Réseauter à des moments précis

S'il est possible de réseauter à tout moment, certaines périodes sont plus ou moins propices.

Le réseautage doit être accentué à certains moments

Lors du lancement d'une activité professionnelle par exemple, il est judicieux de multiplier ses efforts. Quand une personne qui lance son cabinet n'a pas de clients, elle doit s'imposer de réseauter en prenant directement contact avec des prescripteurs potentiels, des anciens collègues (voir le chapitre 2 – Animer ou ranimer son réseau). Si votre activité évolue en dents de scie, un réseautage plus actif peut également trouver sa place lors des périodes plus creuses.

Étaler ce qui n'est pas urgent et faire des pauses

Le réseautage est une course de fond. Il ne faut pas se dégoûter en voulant aller trop vite et en attendant trop de ses contacts. Espacez par exemple vos déjeuners pour que cette activité ne soit pas trop chronophage sur une période restreinte. Le réseautage doit être accessoire pour les professionnels qui ont avant tout un travail.

Se fixer des objectifs

Si cela correspond à votre tempérament, fixez-vous des objectifs.

Faites un programme qui vous correspond. Préférez des objectifs d'action à des objectifs de résultat ; en effet, avec le réseautage, vous ne maîtriserez pas ces derniers.

Vous pouvez par exemple :

- mettre à jour quotidiennement vos listes de contacts : donnez-vous pour objectif de rentrer dix contacts et d'envoyer dix demandes de connexion sur les réseaux sociaux digitaux à des personnes que vous connaissez ;
- envoyer au moins trois courriels de *business development* réseau directs ou indirects par semaine. Il pourra aussi bien s'agir de propositions de rencontre à des prescripteurs potentiels que de propositions de mise en relation à vos contacts.

Fiche 10 MINIMISER LES RISQUES

S'ils sont réels, les risques du réseautage doivent être évalués à leur juste mesure.

Une mauvaise approche du réseautage pourrait vous faire perdre du temps ou nuire à votre réputation. Si ces risques sont réels, ils ne doivent toutefois pas être exagérés.

Limiter la perte de temps

Dans la mesure où le réseautage est particulièrement consommateur de temps, il est très facile de se disperser en essayant d'être présent sur tous les fronts. Voici quelques exemples de ce qui peut vous faire perdre du temps.

Ne pas savoir hiérarchiser ses actions

Le réseautage étant chronophage, essayez de vous concentrer sur les actions rentables. Calibrez vos efforts et évitez de dépenser trop de temps pour un retour trop incertain. Si vous souhaitez vous rendre utile, faites-le graduellement en commençant par un petit service pour voir comment votre interlocuteur réagit et déterminer s'il se rend compte de la valeur de l'opportunité que vous lui présentez et de ce que cela vous a coûté en termes de temps. Réciproquement, apprenez à qualifier les bonnes idées de vos contacts, même s'ils sont bien intentionnés. Mettre en œuvre leurs idées peut parfois s'avérer chronophage.

Ne pas savoir dire non

Les raisons de répondre négativement à une demande peuvent être multiples. Il faut être capable de le faire. Vous pouvez d'abord être dans l'incapacité d'aider votre contact faute de compétence. Vous pouvez ensuite manquer de temps. Dans ce cas, donnez quelques pistes de réflexion au demandeur pour lui expliquer comment vous procéderiez à sa place (quelles recherches effectuer ? Avec quels types de contacts entrer en relation ?).

Vous pouvez enfin être dans l'obligation de répondre négativement à cette demande car vous y voyez un certain conflit d'intérêts : ce qu'on vous demande vous met en difficulté vis-à-vis d'une autre personne. Il serait par exemple délicat d'aider le collaborateur faisant partie de l'équipe d'un de vos contacts à changer de poste, alors que son supérieur que vous connaissez depuis longtemps a toute confiance en vous.

Pour vous tirer de toutes ces situations, apprenez à adresser un refus courtois.

Vouloir connaître trop de monde

Ne cherchez pas à tout prix le contact. Concentrez-vous dans un premier temps sur les personnes *a priori* les plus utiles pour vous. Évitez de vous comporter en collectionneur de cartes de visite. À moins de disposer d'énormément de temps au cours d'une période donnée, il n'est pas nécessaire d'accepter toutes les invitations pour rencontrer le plus de monde possible.

Soigner sa réputation

Les risques de réputation sont souvent exagérés par les professionnels, du conseil ou non, qui évoquent le réseautage. Comme tout le monde, vous ferez de petites erreurs d'appréciation à un moment ou à un autre. Ce n'est pas pour cela que vous ne serez fatalement plus crédible. Tant que votre démarche réseau sera intègre, vos contacts vous pardonneront. Pour ce faire, il vous faudra simplement respecter quelques principes.

Éviter les recommandations hâtives

Les recommandations d'autres professionnels doivent être effectuées prudemment (voir la fiche 29 – Prescrire prudemment). Lorsque ces prescriptions sont organisées, certaines sociétés ne permettent à leurs employés de ne recommander que les professionnels qui ont été préalablement référencés (voir le chapitre 8 – Être prescrit).

Tenir ses engagements

C'est bien sûr essentiel. Pour autant, dédramatisez et ne vous flagellez pas si vous tardez à rendre un service : n'oubliez pas qu'il ne s'agit pas ici de remettre des livrables en temps et en heure mais de faire de votre mieux pour rendre service.

Conseil

Vous n'avez pas tenu vos engagements ? Même s'il est un peu tard, faites ce que vous vous étiez engagé à faire. Prenez les devants pour reprendre contact et n'attendez pas de vous faire relancer pour vous débarrasser de cette épine dans votre pied.

Ne pas survendre sa capacité à rendre service

Sauf si vous êtes très sûr de vous, évitez les « pas de problème, je vais te trouver la solution ». Dites seulement que vous ferez de votre mieux.

Ne pas être trop bavard

Les personnes qui vous demandent un service attendent de vous la plus grande discrétion. Sans le vouloir, vous pourriez leur nuire en en disant trop à d'éventuels contacts. Ne sous-estimez pas la facilité avec laquelle certaines personnes recoupent les informations. De même, évitez de dire certaines choses par écrit.

PARTIE 2

S'INFORMER POUR INFLUER

Il vous incombe de vous informer sur les parties prenantes de votre réseau et, si possible, d'essayer d'influer sur leurs décisions lorsqu'elles vous concernent.

Chapitre

4 S'informer sur ses cibles

S'intéresser au marché de ses clients et à leur actualité permet de dénicher des opportunités et de muscler sa démarche réseau.

Fiche 11 S'INTÉRESSER AU MARCHÉ DE SES CLIENTS ET PROSPECTS

S'intéresser au marché de ses clients et prospects offre la possibilité aux professionnels du conseil de détecter des opportunités et donc de bénéficier d'un avantage concurrentiel certain. Cela permet par exemple à une société challenger de pénétrer un marché ou d'entrer dans un compte et à une société bien installée de conforter sa position.

S'intéresser au marché de son client permet de détecter des opportunités et fournit des prétextes pour se rendre utile auprès de lui (voir la partie 3 – Savoir se rendre utile). En outre, le client sera tout simplement content que vous soyez au courant de ce qui se passe au sein de son secteur.

Dans la mesure où elle permet de glaner de l'information, il est nécessaire de s'intéresser à l'intelligence économique (voir l'encadré p. 44).

APPRENDRE À REBONDIR

S'intéresser aux informations et aux opportunités offertes par votre réseau peut vous permettre de rebondir de manière aussi appropriée que possible.

Il existe de multiples raisons de s'intéresser à l'univers de son prospect.

Pour un marketing des spécialisations

La plupart des professionnels du conseil revendiquent des spécialisations sectorielles. S'intéresser à l'actualité de ses clients permet de crédibiliser cette approche en enrichissant sa connaissance du secteur. Vous pourrez ainsi tenir une discussion avec les acteurs concernés et donc être informé de leur actualité (voir la fiche 12 – Suivre l'actualité du client).

> *Exemple : de manière générale, les assureurs par exemple s'intéressent tout particulièrement aux expertises sectorielles des prestataires auxquels ils ont affaire, en plus de leurs connaissances techniques.*

Pour déceler des opportunités

S'intéresser au marché permet d'anticiper des opportunités futures, en identifiant par exemple des relais de croissance chez le client ou le prospect.

> *Exemple : vous pouvez suivre les tendances des besoins en intelligence économique dans certaines PME industrielles qui n'étaient auparavant pas spécialement sensibilisées à ces questions.*

Pour améliorer sa culture générale économique

Cela permet de savoir ce qui se passe sur différents secteurs et donc d'être en mesure de parler, au moins un peu, de tout. Pour certains clients ou prospects, ce type de discussion est nécessaire.

Comment faire ?

Les moyens sont très variés. C'est votre implication et votre degré de personnalisation qui comptent.

Poser des questions aux clients

Ne négligez pas les discussions à bâtons rompus avec le client. C'est en échangeant que les idées viennent, que le réseau se nourrit. Vous pourrez ainsi déceler des opportunités avec le client ou avec son réseau. Il pourra être amené à parler de certaines connaissances susceptibles d'avoir besoin de vos services et, par là même, de vous recommander.

Les clients évoqueront en effet tout leur écosystème, qu'il s'agisse de leurs concurrents, partenaires ou fournisseurs. Dans certains cas, au fil des discussions, ils pourront même vous introduire auprès des interlocuteurs dont ils vous parlent.

À noter

Certains clients sont jaloux de leurs conseils, notamment sur des segments ultraconcurrentiels. Cela peut être le cas pour les conseils en stratégie, les chasseurs de têtes ou les agences de communication par exemple. Le conseil peut en effet avoir une telle valeur ajoutée concurrentielle qu'il serait défavorable de donner son nom à un confrère, même ami. La recommandation viendra plus facilement d'opérationnels n'assumant pas de fonctions commerciales ou pour qui l'impact de la concurrence semble plus lointain.

Conseil

Profitez des occasions de vous informer des opportunités du marché sur le terrain. Comme l'explique Pascal Py dans son livre *Méthodes et astuces pour conquérir de nouveaux clients* (2009, p. 75), il peut par exemple être utile de visiter les salons professionnels pour recueillir de l'information.

Lire la presse spécialisée

Lire la presse économique générale est important. Lire la presse spécialisée l'est encore plus. Elle peut vous permettre de rebondir par analogie : si untel le fait, pourquoi pas mon client ? Cela peut être l'occasion de l'interroger. Celui-ci pourra éventuellement se sentir valorisé parce que vous le questionnez. En effet, de manière générale, les gens aiment donner leur avis. Lorsque vous intervenez principalement sur un marché local, ne négligez pas la presse quotidienne régionale pour vous tenir informé des projets.

Ne croyez cependant pas au miracle : ce qui figure dans la presse est déjà public et a donc déjà perdu une certaine valeur.

Conseil

Fixez-vous des objectifs de lecture périodique de la presse spécialisée, même si vous ne faites que la feuilleter. Évitez de lire uniquement des publications relatives à votre propre profession.

Se servir des nouvelles technologies

Les nouvelles technologies de l'information et de la communication (NTIC) sont devenues fondamentales (voir la fiche 12 – Suivre l'actualité du client).

Se familiariser avec l'intelligence économique

L'intelligence économique se définit comme « la maîtrise de l'information stratégique utile aux acteurs économiques ». Elle intervient à tous les niveaux. Même si vous ne les utilisez pas toutes parce que certaines vous semblent déloyales, intéressez-vous aux possibilités offertes par ces techniques, au moins pour vous

.../...

.../...

protéger. En voici quelques-unes, citées dans *La Boîte à outils de l'intelligence économique* :

- l'ingénierie sociale (p. 152) : elle permet d'obtenir des informations en abusant de la crédulité des employés. Son pendant informatique est l'ingénierie sociale 2.0 (voir la fiche 41 – Limiter les risques) ;
- les sources humaines (p. 47) : elles permettent de recevoir des informations très variées, comme des informations sur le point d'être publiées ;
- les informations de la zone grise (p. 45). Il s'agit des indiscrétions, par exemple le stagiaire qui parle d'un dossier sans se rendre compte qu'il divulgue des informations capitales.

Pour aller plus loin

Xavier Delengaigne, *Organiser sa veille sur Internet*, Eyrolles, 2014 (2e ed.).

Christophe Deschamps et Nicolas Moinet, *La Boîte à outils de l'intelligence économique*, Dunod, 2011.

Pascal Py, *Méthodes et astuces pour conquérir de nouveaux clients*, Eyrolles, 2009 (3e ed.).

Fiche 12 SUIVRE L'ACTUALITÉ DU CLIENT

Toujours pour être en mesure de rebondir, il est très important de suivre l'actualité de ses clients et prospects. De nombreux moyens de s'informer à distance ou au contact d'autres personnes sont à votre disposition. À vous de maîtriser la chaîne de l'information pour faire remonter les données les plus stratégiques.

Votre fidèle client appréciera que vous vous intéressiez à lui. De la même façon, connaître l'actualité d'un prospect vous permettra d'adapter votre discours à votre proposition de services. Il existe différentes manières de suivre cette actualité.

SUIVRE À DISTANCE

Il faut vous intéresser à ce que dit votre client (l'information institutionnelle) et à ce que l'on dit de lui (le suivi de la presse par exemple).

L'information institutionnelle

Visitez régulièrement le site internet de votre client pour comprendre comment ses activités évoluent. Si le client ou prospect est important, utilisez par exemple la partie de son site consacrée à la presse. La lecture des communiqués de presse successifs est par exemple extrêmement utile pour préparer un rendez-vous de manière synthétique et pour trouver des points d'accroche susceptibles d'intéresser le client. Celui-ci ayant l'embarras du choix, il est en effet primordial que vous trouviez des éléments de différenciation vis-à-vis de ses confrères.

> *Exemple : être informé des projets de développement à l'international d'une mutuelle peut être précieux pour une société de conseil en actuariat disposant d'un bureau de représentation dans le pays visé.*

Le suivi de la presse

La presse est utile pour suivre l'actualité du client grand compte, même si, comme indiqué précédemment, l'information devenue publique a nécessairement une valeur limitée.

Exemple : si votre client apparaît dans la presse et que ce n'est pas habituel pour lui, il appréciera que vous lui témoigniez de la sympathie. Vous pouvez le féliciter à l'occasion d'une levée de fonds relayée dans un quotidien par exemple.

Les nouvelles technologies

Internet permet de multiplier les sources et d'accéder plus facilement à des archives utiles, notamment pour préparer les rendez-vous avec les prospects en mettant en place un processus de veille. Les réseaux sociaux digitaux constituent un moyen supplémentaire de suivre l'actualité des entreprises (voir la fiche 40 – Rechercher des informations).

Interagir avec les clients

Il est possible d'échanger avec le client ou son entourage.

Profiter d'une visite impromptue

Si votre relation avec le client ainsi que votre tempérament (vous n'êtes pas timide…) s'y prêtent, une visite impromptue chez le client peut être utile pour maintenir le lien.

Exemple : un consultant en recrutement retourne visiter régulièrement son client afin de suivre l'intégration du candidat. Cela peut lui permettre de revoir un décisionnaire susceptible de penser à lui pour une nouvelle mission ou encore de connaître le ressenti du candidat sur la société : ce qui lui avait été décrit reflétait-il suffisamment la réalité ?

Échanger avec l'écosystème du client

Il importe d'échanger avec l'entourage, proche ou lointain, du client afin d'obtenir des points de vue variés sur celui-ci, notamment lorsque vous mettez en place une approche grand compte. Ce client pouvant être la filiale d'un groupe, il peut être utile d'avoir le retour d'une autre filiale, concurrente ou non. Prenez garde cependant aux aspects politiques inhérents à ces organisations.

Améliorer sa veille sur internet

Dans son livre *Organiser sa veille sur Internet*, Xavier Delengaigne fournit toutes les informations pour améliorer sa veille, notamment grâce :

- aux métamoteurs qui permettent de lancer des recherches sur plusieurs moteurs de recherche en même temps (p. 86) ;
- aux moteurs de recherche spécialisés (p. 83), par exemple dans les recherches sur Web invisible (ou Web profond) qui correspond aux parties du Web accessibles en ligne mais non indexées par les moteurs de recherche (p. 135).

Pour aller plus loin

Xavier Delengaigne, *Organiser sa veille sur Internet*, Eyrolles, 2014 (2e ed.).

Chapitre

5 Dénicher les opportunités

Les consultants en poste chez le client sont les mieux placés pour déceler des opportunités. Ils peuvent parfois jouer un rôle d'avant-vente.

Fiche 13 RÉSEAUTER CHEZ LE CLIENT

Le professionnel du conseil travaillant chez le client a un rôle d'alerte. Il est en effet aux premières loges pour observer les évolutions chez le client et être informé des besoins passés, actuels ou futurs.

Dans les entreprises classiques, il revient souvent aux commerciaux d'informer leur hiérarchie des projets du client. Or, à de rares exceptions près (notamment les ingénieurs d'affaires dans les SSII), dans une entreprise de conseil, il n'y a pas de commerciaux pour faire remonter les informations du terrain. Le consultant peut se charger de ces aspects. Il fera parfois office d'avant-vente.

Qu'il soit à plein temps ou à temps partiel, le consultant en place dans l'entreprise doit avoir à cœur de réseauter avec les différentes populations de la société cliente. En effet, il faut souvent que plusieurs personnes soient convaincues par un conseil pour que celui-ci soit mandaté. Elles constituent le *centre d'achats*. Les configurations varient beaucoup suivant les entreprises. Au-delà de l'organigramme de l'entreprise, le consultant devra donc essayer de reconstituer son *sociogramme*.

À noter

Différent de l'organigramme, le sociogramme permet de distinguer les liens sociaux existants entre les différentes parties prenantes de l'entreprise et donc d'appréhender les jeux de pouvoir chez le client (voir le livre de Pascal Py, *Méthodes et astuces pour conquérir de nouveaux clients*, p. 104 et sq., et celui de René Moulinier, *Vendre aux grands comptes*, chapitre 4, p. 51 et sq.).

Le salarié ou l'ancien salarié peut être embauché par un client, un ancien client ou un prospect. Si les relations sont bonnes avec votre ancien collaborateur, essayez d'en faire une opportunité (voir l'encadré p. 52).

Alerter la hiérarchie

Que la nouvelle soit bonne ou mauvaise, la personne en poste chez le client aura un rôle d'alerte.

Informer d'une opportunité

Le consultant, le financier comme l'avocat détaché chez le client seront en mesure d'alerter leurs contacts du siège d'une opportunité nouvelle de mission. Ils ont tout intérêt à valoriser ces précieuses remontées d'information auprès de leurs collaborateurs.

Elles sont tout à fait envisageables lorsque le consultant reste en poste durant un long moment. Il a le temps de connaître de nombreux salariés, de se faire apprécier du plus grand nombre et donc de créer de la confiance. Une fois l'opportunité qualifiée, il peut donc naturellement proposer une rencontre avec un associé ou un ingénieur d'affaires à même de vendre une mission.

Le rôle de ce consultant est d'autant plus important que, très souvent, le client n'a pas pleinement conscience de toutes les prestations que la société de conseil peut proposer. Il aura alors à cœur de valoriser un autre centre d'expertise dans une optique de ventes croisées ou encore de vente de prestations complémentaires du même département (voir la fiche 6 – Réseauter en équipe).

Conseil

Dès qu'une information est susceptible d'être remontée, il convient de se renseigner auprès de ses supérieurs et collègues pour commencer à vendre doucement l'expertise. Lorsque les consultants interviennent en régie, les prévenir en amont permet également de commencer à chercher le profil idoine.

Faire part d'un problème

Tout n'est pas acquis. Une société de conseil peut perdre du terrain face à l'entrée de nouveaux compétiteurs, au risque de sortir du panel (voir la fiche 14 – Anticiper les appels d'offres) ou de ne plus être sollicitée. Le consultant peut aussi servir d'« avertisseur ».

Faire connaître l'évolution de la société

Le réseautage peut être utile pour faire connaître la montée en puissance de la structure et sa légitimité à traiter certains dossiers. Il faut informer les bonnes personnes que la société évolue :

- en termes de taille : certains de vos clients (tout comme les prescripteurs) seront étonnés d'apprendre que désormais vous ne comptez plus sept ou huit personnes dans votre structure mais une vingtaine ;
- en termes de nouvelles compétences : le consultant en place pourra réseauter en interne pour faire connaître les offres de la société aux services concernés ;
- en termes de projets menés ou de références clients : ces nouvelles informations pourraient inciter le client, parfois par mimétisme, à mandater votre structure.

Rester seul dans la place

Lorsque les contrats sont de longue durée, le client peut être considéré, à tort ou à raison, comme captif. Surtout si le ou les consultants font bien leur travail de réseautage, les clients se contentent parfois de solliciter la société qui est dans leurs murs pour leurs nouvelles missions. Une stratégie consiste à vouloir absolument rester seul prestataire en répondant à tous les besoins du client, même si cela n'est pas rentable, parfois même gratuitement… Le but est d'éviter de laisser entrer un autre loup dans la bergerie. Dans son livre *Négocier les prestations intellectuelles* (p. 77), Xavier Leclercq, avec son regard de spécialiste des achats, parle de « saturer de services son demandeur ».

L'ancien collaborateur chez le client, une opportunité

Cette arrivée peut se faire indépendamment de votre volonté ou non.

Il peut être utile de favoriser le départ de l'un de ses salariés chez le client. Soit que le salarié n'ait plus de possibilité d'évolution ou qu'il ait manifesté son désir de quitter la structure. …/…

.../...

Exemple : le consultant en stratégie arrivé en haut de la pyramide pourra devenir responsable du business development d'un groupe dans lequel vous avez des contacts.

L'ancien de la maison atterrit par hasard chez le client ou chez le prospect. Un décisionnaire de la société précédemment employé par la société de conseil est un sérieux atout. D'abord parce qu'il en connaît très bien les domaines d'activité. Ensuite parce qu'un ancien collaborateur est souvent fier de ses précédentes expériences professionnelles : s'il a tendance à oublier les problèmes passés et ses petites déceptions, il peut devenir un fervent partisan de son ancienne société (voir la fiche 35 – Intégrer un réseau d'anciens).

Exemple : un ancien consultant de votre SSII est recruté en tant que responsable informatique d'une PME susceptible de vous mettre en concurrence.

Pour aller plus loin

Bernard Cova et Robert Salle, *Le Marketing d'affaires*, Dunod, 1999.

Xavier Leclercq, *Négocier les prestations intellectuelles*, Dunod, 2002.

René Moulinier, *Vendre aux grands comptes*, Eyrolles, 2012 (2e ed.).

Pascal Py, *Méthodes et astuces pour conquérir de nouveaux clients*, Eyrolles, 2009 (3 ed.).

Fiche 14 ANTICIPER LES APPELS D'OFFRES

Le réseautage lié à l'appel d'offres existe. Du référencement à l'élaboration de la réponse à l'appel d'offres, il est nécessaire d'occuper le terrain aussi stratégiquement que possible. Être dans le panel ne garantit pas votre participation aux appels d'offres. Ce n'est que le commencement. Pour avoir toutes les chances de gagner un appel d'offres, il faut intervenir autant que possible en amont.

Plus l'entreprise est petite, plus le choix de recourir à un conseil est personnel. Plus l'entreprise est grande, plus cette décision devient rationnelle et plus il y a de chances qu'elle ait recours à l'appel d'offres, dont le but est de mettre en concurrence les fournisseurs pour rationaliser les achats de tout type de prestation. Il n'est pas question ici des appels d'offres publics mais uniquement des appels d'offres privés.

Trois types d'acteurs sont généralement impliqués dans une procédure d'appel d'offres :

- l'utilisateur du service qui sera souvent le demandeur de la prestation ;
- le prescripteur, souvent un service technique, qui aidera alors l'utilisateur à définir son besoin. Ce prescripteur interne ne doit pas être confondu avec le prescripteur externe recommandant un professionnel auprès d'un prospect, qui sera souvent son client (voir la partie 4 – Maximiser les prescriptions) ;
- le service des achats.

À noter

L'utilisateur et le prescripteur peuvent être les mêmes personnes. De même, toutes les entreprises émettant des appels d'offres ne disposent pas d'un service des achats structuré.

Exemple : dans un grand groupe industriel, une business unit (l'utilisateur) informe les achats d'un besoin informatique. L'utilisateur, les achats et la direction informatique vont alors travailler ensemble sur un cahier des charges, puis émettre un appel d'offres.

Une procédure d'appel d'offres peut se déclencher dès le premier euro ou à partir d'un certain seuil. Lorsqu'elle est obligatoire, de nombreuses étapes doivent être respectées. Elles diffèrent en fonction des entreprises. Dans les grands groupes, il faut généralement intégrer le panel de référencement des prestataires de prestations intellectuelles pour pouvoir répondre à un appel d'offres. Les pratiques sont cependant très variables. Certains conseils tenteront de se soustraire à une procédure d'appel d'offres (voir l'encadré p. 58).

Entrer dans le panel

Dans la plupart des cas, figurer dans le panel de référencement des prestataires d'un groupe est le sésame qui permet d'être sollicité dans le cadre d'appels d'offres. Il est cependant souvent difficile de l'intégrer. Afin de rationaliser les achats, quels qu'ils soient, et d'éviter que la liste des prestataires mandatés par l'entreprise ne soit pléthorique, le service des achats influence la composition des listes de prestataires ou segmente en plusieurs marchés les compétences (assistance à maîtrise d'ouvrage et conseil pour les SSII par exemple). Les acheteurs ont d'ailleurs souvent des objectifs chiffrés basés sur l'utilisation des personnes référencées.

De multiples critères peuvent entrer en ligne de compte, cumulativement ou non, pour être référencé. En voici quelques-uns, que nous donnons sans ordre de préférence.

Compter sur un sponsor

Un sponsor (ou parrain) est une personne de l'entreprise susceptible de vous introduire auprès des achats ou de pousser votre référencement au sein de la liste des prestataires. Plus il sera haut placé dans la hiérarchie, plus il sera efficace. Réseauter avec des sponsors potentiels est donc particulièrement important.

Conseil

Vous risquez d'être affaibli en cas de départ de votre sponsor. Essayez de multiplier vos contacts au sein d'un grand compte dans lequel certains choix peuvent être très politiques pour résister à ces bouleversements d'organigramme.

Bénéficier d'une certaine renommée

Si les grandes marques disposant d'une forte notoriété profitent de cet avantage souvent décisif, les petites structures peuvent elles aussi tout à fait être référencées.

Avoir l'occasion de travailler ensemble

Pour finir par être référencé, il faut souvent avoir déjà réussi à travailler sur quelques petites missions avec la société, sans pourtant avoir bénéficié d'un référencement préalable.

Proposer des tarifs attractifs...

... le service des achats vous appréciera d'autant plus !

Revendiquer une certaine taille

Certains groupes demandent aux sociétés de conseil référencées de disposer d'une taille critique afin de démontrer qu'elles peuvent remédier rapidement à un problème sur une mission, notamment lorsqu'il faut remplacer au plus vite un consultant ou muscler une équipe. Les plus grandes marques seront plus facilement référencées au niveau du groupe, et pas seulement au niveau d'une filiale.

Disposer de compétences particulières

Le groupe sera particulièrement sensible à l'énoncé de compétences différenciantes par rapport à d'autres acteurs du marché. Le service des achats pourra d'ailleurs accepter des tarifs plus élevés pour des spécialistes, et encore davantage pour des conseils de niche. En contrepartie, ces conseils très spécialisés recevront moins d'appels d'offres.

Profiter d'un renouvellement du panel

Des rotations périodiques sont organisées afin de faire vivre le panel. Il peut s'agir par exemple d'un renouvellement tous les trois ans de la liste des avocats y figurant.

À noter

Si certains groupes imposent le recours à l'appel d'offres dès le premier euro, le gré à gré est permis dans certains cas, par exemple en cas de continuation ou de renforcement de la prestation. Les achats doivent souvent donner leur aval.

Entretenir le contact

Être dans le panel ne suffit pas pour être interrogé. Cela suppose de :

- figurer sur la bonne liste. Certains clients interrogent systématiquement tous les prestataires référencés sur la compétence relative à l'appel d'offres. D'autres non. Restez visible pour que l'on pense à vous ;

- faire connaître les évolutions de la structure. Il faut faire connaître son évolution en termes d'expertise ou de taille pour se voir adresser des appels d'offres relevant de nouveaux champs de compétence. Certains prestataires, catalogués comme étant des petites structures, peuvent connaître des difficultés pour faire évoluer la vision que les promoteurs et les décisionnaires ont d'eux. C'est pourquoi il est nécessaire de réseauter en interne pour faire connaître les évolutions de la société (voir la fiche 13 – Réseauter chez le client).

Être au courant

Idéalement, il faut être informé en amont de l'émission future d'un appel d'offres, voire être en mesure d'influencer le cahier des charges.

Être informé en amont

À en croire certains auteurs, faute d'être informé en amont, il n'y a pratiquement aucune chance de gagner l'appel d'offres. Ce n'est pas l'avis de tous les professionnels du conseil. En effet, si de telles informations procurent un avantage évident, il reste possible de gagner des appels d'offre sans elles. À vous de vous faire une idée sur la question en fonction de votre secteur d'activité.

Influencer le cahier des charges

Dans certains cas, le prestataire peut aider à définir le cahier des charges dans l'avant-projet, notamment si le projet prend la suite d'un autre sur lequel le prestataire était déjà investi. Il serait donc possible d'influencer le cahier des charges en sa faveur. Tout est une question de mesure. Dans leur livre *Gagner les appels d'offres en équipe* (p. 55 *et sq.*), Laurent Dugas et Bruno Jourdan consacrent un chapitre à ces questions. S'ils incitent leurs lecteurs à influencer le cahier des charges, ces spécialistes de l'appel d'offres mettent également en garde contre les risques de ces pratiques, notamment dans les rapports avec les concurrents qui ne doivent pas démasquer le compétiteur tentant d'influencer le cahier des charges.

À noter

Des prestataires indépendants peuvent être utilisés pour aider à rédiger un cahier des charges particulièrement complexe.

Mobiliser son réseau pour répondre à un appel d'offres

Dans certains cas, il faudra s'allier à d'autres personnes pour multiplier ses chances de gagner un appel d'offres. Les situations sont variables.

- Un consultant indépendant pourra s'allier à d'autres indépendants pour répondre à un appel d'offres.
- Un grand nom du conseil pourra avoir intérêt à travailler ponctuellement avec un indépendant de haut vol spécialisé sur certaines questions sectorielles qu'il mettra en avant.
- Il sera parfois nécessaire de s'allier à un prestataire d'un corps de métier différent.

Contourner l'appel d'offres ?

Quand ils ne peuvent pas être imposés par un sponsor solide, certains s'appuient sur quelques arguments pour tenter d'y parvenir.

- Le prestataire revendique un historique avec le client : ils savent travailler ensemble et connaissent les tarifs de tel ou tel type de prestation.
- Le prestataire revendique une connaissance particulière du secteur du client : il s'appuiera sur cet argument de vente pour ne pas être mis en concurrence.
- Le prestataire négocie, pour un périmètre d'activité bien défini, avec des besoins récurrents et anticipés, une absence de mise en concurrence contre un engagement de réponse aux besoins en toutes circonstances, à des prix convenus à l'avance. Le client disposera alors, pour l'avenir, d'un prestataire engagé contractuellement, ne négociant plus et lui permettant d'éviter la mise en place de nouveaux appels d'offres.

Pour aller plus loin

Stéphane Adnet, *Acheter et vendre du conseil*, Eyrolles, 2008.

David Autissier et Jean-Michel Moutot, *Consulting au quotidien – 200 fiches*, Dunod, 2014.

Laurent Dugas et Bruno Jourdan, *Gagner les appels d'offres en équipe*, Dunod, 2008.

Réne Moulinier, *Vendre aux grands comptes*, Eyrolles, 2012 (2e ed.).

Pascal Py, *Méthodes et astuces pour conquérir de nouveaux clients*, Eyrolles, 2009 (3e ed.).

PARTIE 3

SAVOIR SE RENDRE UTILE

Se rendre utile aide à créer et à maintenir des liens. En étant plus ou moins proactif, on peut se rendre utile de multiples manières à un client ou prospect qui y sera sensible. C'est un véritable avantage concurrentiel. Différentes stratégies peuvent être mises en place en fonction des interlocuteurs.

Chapitre

Se rendre utile pour rester en contact

Il est possible de vous rendre si utile à un client que celui-ci aura naturellement envie de vous mandater. Le tout est de savoir saisir les occasions quand elles se présentent, ce qui devient un réflexe au fil du temps.

Fiche 15 TROUVER DES PRÉTEXTES

Réseauter pour rester en contact ne revient pas uniquement à trouver des prétextes pour communiquer avec le client. Ne vous contentez pas de prétextes futiles et faciles. Même si cela demande davantage d'efforts, il est possible de se rendre vraiment utile à ses contacts.

Il est important de trouver des occasions d'entrer en relation avec de nouveaux clients ou de rester en contact avec le parc de clientèle existant afin que ceux-ci pensent à vous lorsqu'ils auront besoin de mandater un conseil. Aussi faut-il se montrer imaginatif. La plupart des professionnels se bornent à trouver des prétextes pour se rappeler au bon souvenir de leur client et lui faire savoir dans quelles situations ils peuvent être mandatés.

UN BON PRÉTEXTE AU BON MOMENT

Plusieurs méthodes existent pour rafraîchir la mémoire d'un contact.

L'inviter à déjeuner

Essayez dans la mesure du possible de trouver un objet pour ce déjeuner : faire valoir de nouvelles compétences, rebondir sur une actualité heureuse du client, etc.

> *Exemple : par le passé, un client vous avait fait part de ses besoins récurrents en droit de la consommation. Proposez-lui d'organiser un déjeuner pour faire connaître cette nouvelle expertise.*

Le convier à une présentation sur un sujet ou à un événement

Veillez à ne pas harceler vos contacts. Certaines personnes ne cessent de recevoir des invitations et ne demandent qu'une chose : être retirées des listes d'envoi. Respectez ce souhait.

Lui envoyer ses vœux de fin d'année

Cela reste une excellente occasion de rester en contact avec ses clients et partenaires (voir le chapitre 14 – Profiter des vœux de fin d'année).

Se rendre réellement utile

Une autre méthode consiste à se rendre réellement utile pour intéresser le client ou prospect qui reçoit déjà de nombreux courriels et autres sollicitations telles que celles qui viennent d'être évoquées. Cela permet de fidéliser ses contacts bien plus efficacement. Ce type d'approche requiert cependant du temps et la mise en œuvre d'une véritable gymnastique intellectuelle pour se rendre réellement utile à ses clients et gagner ainsi le droit d'être mandaté. Il conviendra d'agir avec finesse.

Pour aller plus loin

Bernard Cova et Robert Salle, *Le Marketing d'affaires*, Dunod, 1999.

Fiche 16 GAGNER LE DROIT D'ÊTRE MANDATÉ

Se rendre utile au client permet de retenir son attention. N'oubliez pas qu'en montrant que vous voulez aider, vous marquerez déjà des points. Attention toutefois à ne pas être maladroit ou intrusif.

Le client sera d'autant plus content de vous faire travailler que vous lui aurez rendu service. Certains d'entre eux se sentiront redevables. Quand bien même votre idée ne fonctionnerait pas, la démarche serait toujours appréciée. N'oubliez pas qu'il ne s'agit que de rendre un service gratuit.

Il existe de multiples manières de se rendre utile à une entreprise, qu'il s'agisse d'une TPE, d'une PME ou d'un grand compte.

Gardez à l'esprit que le client ne s'oblige à rien (voir l'encadré p. 66). C'est à vous d'arbitrer en vous demandant si le jeu en vaut la chandelle et si vous ne faites pas un « trop beau cadeau » à un prospect qui ne vous mandatera certainement pas.

Qui est intéressé par quoi ?

Il existe de nombreuses manières d'intéresser un contact. Prenez le temps de déterminer avec le client ou le prospect ce qui serait susceptible de l'intéresser. Certaines entreprises évoluent sur un marché très concurrentiel et apprécieront la mise en relation que vous leur proposez. D'autres disposent d'un arsenal de commerciaux qui rabattent déjà un grand nombre d'affaires. À moins de leur proposer une très belle opportunité, cela risque de ne pas les émouvoir outre mesure.

Qu'est-ce qui peut potentiellement intéresser votre contact ?

Une croissance externe ou une prise de participation

Parmi vos clients, de nombreuses entreprises veulent acquérir des cibles. Elles apprécieront que vous leur transmettiez des informations à ce sujet. C'est particulièrement vrai pour les fonds d'investissement. Si l'idéal est le gré à gré (qui s'oppose au circuit intermédié), il peut également être utile de mettre votre client en relation avec une société de conseil en fusions-acquisitions qui a la bonne expertise, le bon mandat, la bonne information ou la bonne idée.

Une mise en relation avec un expert

Lorsqu'une entreprise évoque avec vous un problème ou une réflexion sur un marché, il peut être judicieux de la mettre en relation avec un spécialiste d'un secteur, par exemple un ancien cadre dirigeant familier de sa problématique.

> *Exemple : l'un de vos clients se pose des questions d'investissement dans les énergies renouvelables. Vous pouvez le mettre en relation avec un ancien dirigeant d'une entreprise de ce secteur, aujourd'hui consultant indépendant spécialiste de ces aspects.*

Une information utile

Certaines informations sont stratégiques et le hasard fait parfois bien les choses. Il peut être très intéressant pour le client ou prospect de se voir fournir une information. Ne faites pas perdre de temps à vos contacts en leur transmettant une information objectivement connue de tous. Encore une fois, n'oubliez pas que l'information publique n'a plus grande valeur.

> *Exemple : une discussion avec un membre de votre réseau vous a appris qu'une grande entreprise allait s'ouvrir à un nouveau marché dans un pays étranger que connaît bien l'un de vos clients. Celui-ci appréciera que vous lui restituiez ce début d'information. Lui saura certainement où creuser pour en savoir davantage.*

Une présentation d'un prospect

L'un de vos contacts a besoin d'un service auquel peut répondre votre client ? C'est l'occasion de reprendre contact avec ce client ou prospect en le mettant en relation avec le demandeur.

Se rendre utile auprès des bonnes personnes

Vous avez eu une bonne idée. Pour bien la valoriser, il est primordial de la présenter aux bonnes personnes, qu'elles fassent partie du centre d'achats ou soient en mesure de faire connaître votre volonté d'être utile à celui-ci. Ce sera une manière appréciée de travailler votre cote de popularité auprès de toutes les personnes qui composent le centre d'achats et avec qui il est si important de réseauter. Tout comme une recommandation (voir la partie 4 – Maximiser les prescriptions), une information stratégique pour le client est une cartouche à tirer. Il ne faut pas la gaspiller.

Conseil

Soyez attentif aux intitulés des postes, qu'ils soient français ou anglo-saxons. Ils ne veulent pas toujours dire la même chose et sont parfois trompeurs. Un vice-président peut aussi bien être un personnage très haut placé dans l'organigramme qu'un chargé d'affaires.

Les pièges à éviter

Lorsque vous essayez de vous rentre utile au client, évitez de :

- reprocher à un client de ne pas vous avoir mandaté sur une affaire alors que vous lui aviez fait part d'opportunités. Ne le brusquez pas en lui faisant comprendre qu'il doit vous mandater en raison du service que vous lui avez rendu. Ce n'est pas de la vente liée. Vous mandater en retour n'est pas une obligation pour le client ou prospect ;
- déranger le client avec des idées saugrenues qui montrent que vous n'avez pas compris quel était son modèle et qui vont lui prendre un temps considérable ;
- oublier qui rend service à qui, ce qui n'est pas toujours évident à déterminer. Par exemple, en examinant le dossier de votre client à la recherche d'un financement compliqué, c'est parfois votre contact banquier qui vous rendra service plus que vous ne lui serez utile ;
- proposer quelque chose à un moment qui n'est pas propice.

Fiche 17 POSER LES LIMITES

Le réseautage peut être extrêmement chronophage. L'un de ses pièges est de consacrer trop de temps à quelque chose qui ne sera finalement pas rentable. Aussi est-il primordial de savoir poser des limites.

Toute action doit être mesurée, et les limites doivent être posées. Testez vos idées et vos manières de faire au fil du temps.

Les limites vis-à-vis de ses contacts

Veillez à ne pas être trop entreprenant, ce qui pourrait agacer vos interlocuteurs.

Ne pas multiplier les idées

Trop en faire peut provoquer l'agacement. Concentrez-vous sur des propositions réellement susceptibles d'être utiles au client.

Ne pas s'immiscer dans la vie de l'entreprise

Veillez à ne pas gêner un collaborateur en proposant des idées qui auraient normalement dû être apportées par lui. Dans certains cas, il pourra être utile de soumettre ces idées au collaborateur chargé de ces questions plutôt qu'à votre contact habituel dans la hiérarchie de l'entreprise. Évitez donc, dans certains cas, d'adresser un courriel au collaborateur en mettant son supérieur hiérarchique en copie.

À noter

Si l'une de vos idées est potentiellement utile à plusieurs personnes, avancez vos pions stratégiquement. Une opportunité d'investissement est par exemple susceptible d'intéresser plusieurs sociétés. Faites poliment comprendre à votre interlocuteur que vous attendez une réponse de sa part. Si cela ne l'intéresse pas, vous transmettrez l'information à une autre structure.

Les limites pour soi

Veillez à ne pas aller trop loin.

Ne pas trahir son éthique

Ne vous damnez pas pour une opportunité.

> *Exemple : donner une information concernant un de vos contacts (qui peut ne pas être un client) parce qu'elle est susceptible d'intéresser un de vos prospects.*

Ne pas en faire trop

Le client risquerait de ne pas apprécier. L'un des pièges du réseautage est de s'appliquer à faire quelque chose qui, finalement, ne sera pas apprécié. Vous perdrez du temps et en ferez perdre aux membres de votre équipe que vous impliquerez.

Ne pas lâcher la proie pour l'ombre...

... même s'il peut être tentant de délaisser ses clients actuels avec qui la relation est bien installée pour en conquérir de nouveaux.

Chapitre

7 S'adapter à son interlocuteur

Ne vous contentez pas de savoir en quoi vos contacts pourraient vous être utiles. Demandez-vous en quoi vous pouvez leur être utile. Que les services rendus aient une plus ou moins grande valeur, il existe différentes manières d'aider ses contacts.

Fiche 18 ÊTRE UTILE AU DIRIGEANT

Le dirigeant peut se sentir seul à la tête de l'entreprise. De même, les cadres de haut niveau ne disposent pas tous d'un réseau étoffé et apprécient que vous soyez à leur écoute pour les mettre en contact. Il est enfin particulièrement judicieux de se rendre utile, ou au moins présent, quand votre contact traverse une période délicate.

Les cadres dirigeants, et *a fortiori* les chefs d'entreprise, sont souvent les décisionnaires à même de mandater les différentes professions du conseil.

Faites en sorte qu'ils se sentent redevables. Comment se rendre utile ? Tous les dirigeants, cadres dirigeants ou mandataires sociaux ne sont pas des professionnels du réseau. Une idée très simple peut parfois leur être très bénéfique. Proposer des choses qu'ils auraient pu faire eux-mêmes mais auxquelles ils n'ont pas pensé vous permettra d'une certaine façon de vous en attribuer le mérite.

À noter

Être utile peut également consister à proposer des tarifs intéressants au dirigeant d'une jeune entreprise pour le fidéliser. Dans de nombreux cas, les prestataires grandissent avec leurs clients.

De multiples manières d'être utile au dirigeant

Les possibilités sont encore une fois nombreuses.

Lui faire remonter des informations

Les remontées d'informations stratégiques sont appréciées par le dirigeant. Encore faut-il que ces informations soient qualifiées. Une fois de plus, ne vous décrédibilisez pas en énonçant des banalités.

Lui présenter des personnes intéressantes pour son réseau

À un certain stade, le réseau compte beaucoup. Si les dirigeants ont déjà un réseau étoffé, ils peuvent cependant être intéressés par des mises en relation qualifiées avec des connexions intéressantes ayant des fonctions importantes ou auxquelles ils n'auraient pas nécessairement pensé, ce qui leur permet d'avoir un œil neuf sur leur secteur d'activité. Corollairement, vous pourrez vous valoriser auprès du contact à qui vous présenterez un professionnel d'un tel calibre.

Conseil

Vous ne disposez pas forcément de tous les contacts idoines dans votre carnet d'adresses. Vous pouvez donc également présenter une personne susceptible de mettre le dirigeant en relation avec de bons contacts, par exemple un de ses pairs.

Lui offrir de la visibilité à titre personnel

Le dirigeant apprécie les initiatives au-delà de sa vie dans l'entreprise. Certaines l'aideront en effet à préparer l'avenir en multipliant les contacts. Généralement, les professionnels adorent parler de leur métier : solliciter un dirigeant afin qu'il intervienne au cours de dîners ou pour des associations pourra lui faire plaisir.

> *Exemple : vous pouvez mettre en relation un top manager afin qu'il devienne* senior advisor *(voir la fiche 4 – Opter pour la gratuité) pour un acteur du secteur qu'il maîtrise parfaitement.*

Lui présenter des personnes de confiance pour ses fonctions clés

Vous pouvez l'informer d'opportunités de recrutement. Bien évidemment, il ne faut pas piller l'équipe d'un autre dirigeant pour être utile à celui-ci.

Se rendre utile par ricochet

Il est possible de se rendre utile à quelqu'un indirectement en aidant l'un de ses contacts, souvent un proche. La personne importante pour votre réseau se sentira concernée par ce que vous aurez fait pour ses proches. C'est la démarche effectuée qui importera à ses yeux.

> *Exemple : vous pouvez aider un proche d'un dirigeant à trouver un stage, voire même le prendre en stage.*

Quand cela va moins bien

Votre contact (ou nouveau contact) est en perte de vitesse ? Sans être trop cynique, c'est peut-être le meilleur moment pour créer des liens. Un dirigeant en période de creux appréciera que vous lui soyez utile au moment où tout le monde le lâche. À mesure que son pouvoir se réduira, les gens lui tourneront le dos. Une présence lors de ce moment crucial sera particulièrement appréciée et il s'en souviendra lorsqu'il rebondira. Vous ne perdrez pas votre temps : il est rare que les gens ne retrouvent pas un autre poste.

> *Exemple : les chasseurs de têtes déploient parfois une énergie particulière auprès d'un candidat senior cherchant à retrouver un poste. Une fois qu'il se sera replacé dans une entreprise, il sera potentiellement en mesure de mandater le chasseur de têtes qui lui est venu en aide pour des recrutements futurs.*

Fiche 19 AIDER UN OPÉRATIONNEL

Qu'il s'agisse de l'aider dans le cadre de ses fonctions actuelles ou dans le déroulement de sa carrière, il existe de multiples façons d'être utile à un opérationnel. Il saura s'en souvenir.

Il appartient fréquemment à un opérationnel de choisir certains conseils pour réaliser une mission ou de recommander leurs services à un client.

Pour l'aider, si vous avez l'oreille de sa hiérarchie, vous pouvez insister sur les bonnes relations que vous entretenez avec lui. Attention cependant à ne pas trop vous immiscer dans la vie de la société.

À noter

Ne négligez pas les assistantes. Celles-ci peuvent vous aider à atteindre plus facilement un interlocuteur ou vous fournir de précieuses informations.

INFORMER UN OPÉRATIONNEL

De nombreuses informations peuvent intéresser votre contact au sein de l'entreprise.

Lui présenter des opportunités de poste

Qui ne serait pas reconnaissant de recevoir ce type d'information ?

Le piège à éviter

Attention à ne pas vous mettre en porte-à-faux avec sa direction, qui ne veut sans doute pas voir partir un bon élément installé. Privilégiez cette action dans le cas où le salarié est licencié ou s'il vous apprend qu'il ne passera pas le cap de sa période d'essai.

L'aider dans ses recrutements

À condition de bien connaître le marché, vous pouvez aider l'un de vos contacts à recruter l'un de ses collaborateurs ou lui présenter un cabinet de conseil en recrutement particulièrement au fait de ses problématiques métiers. De cette manière, vous vous rendrez utile à votre contact tout en aidant des collaborateurs eux aussi reconnaissants.

Conseil

Prenez toujours vos précautions avant de proposer un candidat. Dosez votre recommandation.

Lui donner des informations sur le marché

Les informations peuvent être diverses, qu'elles concernent de nouveaux produits lancés sur le marché ou encore des recrutements au sein d'entreprises du même segment par exemple. Encore une fois, évitez de trahir votre éthique et votre déontologie en donnant des informations qui ne devraient pas être transmises ou susceptibles de mettre un autre de vos contacts dans l'embarras. Celui qui vous a transmis des informations ne pensait pas forcément qu'elles pourraient être répétées.

Dépanner un opérationnel

Lorsque vous aidez quelqu'un qui se trouve dans une situation difficile, il vous en est reconnaissant. Là encore, vous trouverez de multiples moyens de vous rendre utile.

Répondre informellement à des questions techniques ponctuelles

Pour certaines questions, votre contact, n'ayant pas encore de budget, veut simplement s'informer. Pourquoi ne pas échanger informellement avec lui ? C'est aussi un très bon moyen de mieux se faire connaître et de montrer son expertise à un client potentiel. Vous pouvez ainsi commencer à résoudre son problème avant l'embauche effective.

Exemple : Une société de conseil intervenant pour des acteurs industriels peut consacrer informellement un peu de temps au chiffrage d'un avant-projet pour un directeur technique. Le sachant et lui en étant reconnaissant, ce dernier pourra plus facilement penser à la faire figurer dans la liste des sociétés de conseil interrogées, dans le cadre de ce projet ou de projets futurs.

Dépanner sur des questions personnelles

Si votre activité s'y prête, vous pouvez vous occuper du dossier personnel d'un donneur d'ordres d'entreprise ou répondre informellement à ses questions pour lui rendre service.

Reprendre un dossier en cours

Si le client a fait appel à un de vos confrères et que cela se passe mal, il est possible de le dépanner en reprenant le dossier en cours tout en facturant un prix moindre que si vous aviez commencé à vous occuper du dossier dès l'origine. Certes, le dossier sera moins rentable. Voyez cela comme un investissement pour le conquérir ou le fidéliser.

Traiter un dossier en urgence

Prendre un dossier urgent pour le client en priorité vous permettra peut-être de le fidéliser.

Présenter des clients à un opérationnel

Indéniablement, présenter des prospects à une entreprise cliente témoigne de votre volonté de bien faire. Montrez-vous vigilant si l'opérationnel n'est pas un commercial, il ne se rendra pas forcément compte de la valeur de votre action. Inversement, il serait dommage que l'information ne circule pas en interne auprès de la bonne personne. Un commercial reconnaissant n'aura pas d'impact s'il n'en parle pas au décisionnaire qui peut vous être utile.

Fiche 20 MISER SUR LES STAGIAIRES

Parce qu'ils ont un avenir, les stagiaires ne doivent pas être négligés. Ambassadeurs de votre marque, ils peuvent devenir des prescripteurs, clients ou compétiteurs. Ils sont généralement très reconnaissants de l'aide apportée et ont une bonne mémoire.

Quelle erreur de maltraiter des stagiaires ! D'abord parce que cela manque vraiment d'élégance et que, de toute façon, le réseautage sous-entend de bien se comporter avec tout le monde. Ensuite parce qu'on ne sait pas ce que va devenir un stagiaire.

De multiples stagiaires passent par votre entreprise, beaucoup plus que des salariés dans la plupart des cas. Intégrez-les dans votre réflexion *alumni* (voir la fiche 35 – Intégrer un réseau d'anciens). Les stagiaires participent au bouche-à-oreille auprès des acteurs de l'écosystème de votre entreprise. Et comme tout bouche-à-oreille, il peut aussi bien être positif que négatif si vous les traitez objectivement mal.

Le stagiaire a un avenir

Les parcours ne sont pas linéaires et une carrière est longue. Certains stagiaires peuvent passer par de multiples entreprises. Dans certaines professions, des stagiaires iront grossir les rangs de vos concurrents. Dans le notariat par exemple, il est moins courant qu'ils choisissent une voie différente de celle de la structure dans laquelle ils ont effectué leur stage. Mais dans d'autres cas, notamment lorsqu'ils étudient au sein d'écoles de commerce, ils peuvent effectuer de brefs passages dans de multiples secteurs, à différentes fonctions. Ils auront parfois plusieurs vies professionnelles après leurs études.

L'ancien stagiaire devenu client

De nombreuses années après un passage chez vous, vous aurez peut-être la bonne surprise de recevoir un coup de téléphone d'un ancien stagiaire ou du supérieur d'un ancien stagiaire auprès duquel ce dernier a vanté vos mérites. Ne négligez pas cette possibilité : ayant vu de l'intérieur comment vous travaillez et quels types de dossiers vous traitez, il pourra se montrer très convaincant auprès du décisionnaire.

> *Exemple : un stagiaire de votre société de conseil en stratégie, après plusieurs années passées dans une société de conseil en fusions-acquisitions, est aujourd'hui employé par un fonds d'investissement susceptible de vous mandater.*

L'ancien stagiaire devenu supérieur

Vous ne vous étiez pas rendu compte de la qualité d'un stagiaire. Quelle surprise que de le retrouver de nombreuses années plus tard associé de votre cabinet !

L'ancien stagiaire devenu prescripteur

Un stagiaire gardant de bons souvenirs de vous est une occasion de développer la notoriété de votre structure auprès d'autres entités susceptibles de vous recommander.

L'ancien stagiaire devenu confrère

Rien de plus horripilant qu'un dossier en commun avec un confrère qui vous voue une haine farouche depuis son stage…

CONCRÈTEMENT, COMMENT ÊTRE UTILE À UN STAGIAIRE ?

Décrypter des situations

Il est possible d'expliquer au stagiaire aussi bien ce qu'est le marché de votre entreprise de conseil que la façon de s'y comporter en interne, avec ses futurs collègues et supérieurs, ou avec son écosystème. Ne négligez pas cet aspect. Dans certains cas, cela lui sera précieux et il vous en sera reconnaissant.

L'aider à trouver son prochain stage ou son premier emploi

S'il vous donne satisfaction, recommandez-le. Cela lui rendra service et vous permettra de garder le contact avec votre client tout en plaçant vos pions. Vous pouvez également lui rédiger une lettre de recommandation.

Rester en contact avec lui

Il faut l'inciter à vous recontacter, notamment s'il souhaite être conseillé.

Le piège à éviter

Promettre à un stagiaire une embauche future alors que vous n'êtes pas certain de pouvoir le faire. Parce qu'il manque encore d'expérience, un stagiaire ignore que quelque chose qui n'est pas signé n'est pas fait.

Du point de vue du stagiaire

Le stagiaire doit impérativement commencer à réseauter, afin d'investir pour l'avenir.

- Au cours de ses stages, il multiplie les prises de contact utiles dans l'entreprise. Il doit tout faire pour garder le contact et développer son réseau, d'abord avec les autres stagiaires et ses camarades de promotion qui constituent son premier cercle.
- Il doit profiter des entretiens d'embauche. C'est en effet une excellente occasion de se constituer un réseau. Il faut donc tenir un professsionnel rencontré dans ce cadre, avec qui le contact a été bon, au courant de la suite de son parcours et lui envoyer ses vœux de fin d'année.

Fiche 21 EFFECTUER UNE MISE EN RELATION

Maîtriser l'art de la mise en relation est crucial. À chacun de trouver la méthode appropriée. Il est avant tout primordial de laisser le choix aux personnes que vous proposez de mettre en relation. Effectuer une mise en relation sécurisée est chronophage.

Qu'il s'agisse d'être utile à une structure, à une personne ou de recommander quelqu'un (voir la partie 4 – Maximiser les prescriptions), il convient de mettre des contacts en relation de manière stratégique pour valoriser son action. À chacun sa ou ses méthodes. Sachez enfin réagir quand on vous proposera une mise en relation (voir l'encadré p. 82).

La première question à vous poser est de savoir à qui vous comptez rendre service et donc qui sera le véritable bénéficiaire de cette mise en relation. Il serait inélégant de faire mine de rendre un service à quelqu'un alors que vous lui demandez précisément de rendre ce service à votre contact, et donc indirectement à vous-même.

> *Exemple : vous souhaitez proposer au directeur immobilier d'un grand groupe d'être mis en relation avec un notaire. Sauf exception, c'est plus à ce notaire que vous rendrez service qu'à un directeur immobilier souvent sursollicité.*

PROPOSER, PAS IMPOSER

L'un de vos contacts vous sollicite pour une mise en relation précise avec une autre personne de votre carnet d'adresses ou vous avez vous-même une idée de mise en relation…

Cas n° 1 : vous êtes sollicité pour cette mise en relation

La situation peut se révéler inconfortable, mais si, après avoir pesé le pour et le contre, l'idée vous semble bonne, tout va bien. Dites au contact qui vous a approché que vous allez d'abord sonder l'autre personne.

Si, en revanche, vous êtes réticent pour une raison ou pour une autre, n'hésitez pas à dire non en expliquant pourquoi cela n'est pas possible. Vous pouvez également prétexter que vous ne connaissez pas bien la personne avec qui on vous demande cette mise en relation ou que celle-ci risquerait de nuire à un autre de vos contacts. Quoi qu'il en soit, restez ferme.

À noter

En montrant qui sont vos contacts ou au moins vos relations partagées avec d'autres contacts, les réseaux sociaux digitaux ont favorisé, souvent à tort, ce type de demande (voir la fiche 41 – Limiter les risques).

Cas n° 2: vous êtes à l'origine de l'idée pour deux de vos contacts

Demandez à chacune des parties prenantes son accord pour être mise en relation et laissez-lui le choix. Réfléchissez à la personne qui va le plus probablement apprécier cette proposition. Si vous êtes sûr et certain qu'elle va l'approuver, vous pouvez envisager de mettre immédiatement votre idée en pratique. C'est par exemple le cas si vous savez que votre contact cherche à entrer en relation avec ce type d'interlocuteur depuis longtemps ou qu'il s'agit d'un prospect faisant partie de la clientèle habituelle de la société. Et encore, même dans ces deux cas, mieux vaudra certainement demander un accord pour la forme.

Agir prudemment

Effectuer une mise en relation implique une part de risque inévitable: mauvaise entente entre les personnes que vous cherchez à rapprocher, absence de réponse de l'une des parties, caractères forts, etc. C'est pourquoi il est impératif d'agir prudemment.

Pour ne pas mettre en péril l'existant:

- vérifiez que cela ne porte pas ombrage à l'un de vos clients de manière indirecte;
- cadrez la mise en relation en rappelant à l'envi que vous proposez cette mise en relation pour rendre service. En cas de problème, il appartiendra à chacun de prendre ses responsabilités. Cela doit être bien défini dès le début du processus de mise en relation;
- renseignez-vous en amont. Avant même de leur en parler, utilisez vos ressources (notamment Internet) pour trouver de l'information sur les personnes que vous envisagez de mettre en relation, tant sur leur expérience

(références dans un domaine) que sur la crédibilité de l'idée (leur volonté de pénétrer un marché ou non). Parfois, une recherche rapide sur la Toile vous dissuadera d'aller plus loin.

Conseil

Vous pouvez mettre de l'huile dans les rouages d'une mise en relation en prenant des nouvelles et en rappelant à l'une des deux parties prenantes qu'elle est la demandeuse, en clair celle qui a le plus besoin de l'autre.

Choisir la méthode la plus appropriée

Différentes méthodes existent pour mettre en relation deux personnes ou plus.

De visu

Vous préférez être présent car cette mise en relation est importante pour les différentes parties et que vous voulez signifier expressément à vos contacts que vous en êtes à l'origine. Dans ce cas, vous pouvez par exemple organiser le rendez-vous dans vos locaux.

Par courriel

Il s'agit certainement de la méthode qui a le meilleur rapport temps passé/efficacité. Restez factuel et faites court.

Conseil

Pour être certain d'être précis, faites valider et amender par chaque interlocuteur la partie qui le concerne. C'est chronophage mais tellement plus précis et donc sûr.

Laisser les gens prendre eux-mêmes contact en se recommandant de vous

Vous donnez alors les coordonnées de l'un à l'autre. Cette méthode est à utiliser pour les mises en relation qui ne revêtent pas une importance capitale. Dans la mesure du possible, demandez à être tenu informé des suites de la mise en relation.

Répondre à une proposition de mise en relation

Certaines personnes proposeront également de vous en présenter d'autres. De manière générale, il faut savoir faire comprendre à vos contacts ce qu'est votre façon de faire. Vous pouvez par exemple leur demander de vous solliciter à l'avenir avant toute mise en relation et non de vous l'imposer en vous mettant directement en copie du courriel adressé à une personne susceptible de vous contacter.

Par ailleurs, le réseautage, c'est aussi choisir ses batailles. Si un de vos contacts vous propose de multiples mises en relation, ne soyez pas trop gourmand et cantonnez-vous à celles pour lesquelles vous vous sentez légitime. Il aura d'autant plus confiance pour vous recommander à l'avenir.

Conseil

Quelques astuces permettent d'organiser plus facilement un rendez-vous :

- si votre demande s'effectue par courriel, répondez à l'ensemble des destinataires et demandez à vos contacts de faire de même. Ce n'est pas évident pour tout le monde ;
- donnez plusieurs dates et non une seule si vous êtes le demandeur. Agissez de même si vous n'êtes pas à l'initiative du rendez-vous. Si vous facilitez la tâche à l'organisateur, celui-ci éprouvera plus de plaisir à échanger avec vous.

Par ailleurs, si vous devez informer certaines parties prenantes de la teneur de vos échanges avec d'autres contacts, préférez transmettre des courriels plutôt que de mettre des destinataires en copie cachée (CCI). Inévitablement, un jour, quelqu'un va répondre sans remarquer qu'il est en CCI. L'erreur est devenue encore plus fréquente depuis que les smartphones se sont répandus.

PARTIE 4

MAXIMISER LES PRESCRIPTIONS

Certains métiers sont des métiers de recommandation : c'est particulièrement le cas pour les professionnels du conseil. Les recommandations constituent pour certains d'entre eux le principal vecteur de développement d'un courant d'affaires. Qu'il s'agisse de donner le nom de la bonne personne ou d'être recommandé, il importe de peaufiner sa stratégie pour multiplier les opportunités de recommandations qualifiées en y consacrant un temps raisonnable.

Chapitre

8 Être prescrit

Il est toujours très agréable d'être recommandé pour la qualité de son travail. Pour certains professionnels, ces recommandations s'effectuent au fil de l'eau, par des personnes qui ont confiance dans leur façon efficace de traiter les dossiers. Or, l'efficacité des prescriptions peut être maximisée en étant vigilant et en les organisant stratégiquement. Optimiser ses recommandations revient à traiter et à générer le mieux possible des flux de dossiers.

Fiche 22 RÉUSSIR À ÊTRE RECOMMANDÉ

Les recommandations ne viennent pas d'elles-mêmes. À vous d'accomplir des démarches parfois laborieuses pour être recommandé. Pour mettre toutes les chances de votre côté, réfléchissez aux atouts à faire valoir auprès des prescripteurs potentiels. Certaines professions du conseil se prêtent plus à la recommandation que d'autres. Retenez que dans la plupart des cas il faut prescrire pour être prescrit en retour.

On parle ici de *prescripteur* lorsqu'un professionnel recommande, de manière régulière ou occasionnelle, un autre professionnel auprès d'un prospect, qui sera souvent son client. Corollairement, la personne prescrite est la personne recommandée par le prescripteur.

Tout n'est pas fait lorsque vous êtes recommandé. Ce n'est pas pour cela que vous serez contacté. Et ce n'est pas parce que vous êtes contacté que vous serez choisi. Pour être choisi par le client, il faut de la disponibilité, des références (on parle de *track record*) et lui proposer un budget acceptable.

Il existe deux types de prescriptions :

- la prescription naturelle : elle s'impose d'elle-même au regard de la complémentarité de deux métiers ;

À noter

Dans certains cas, les relations sont structurellement déséquilibrées, les prescriptions n'étant naturelles que dans un sens : un métier a naturellement plus vocation à en recommander un autre, même si le professionnel prescrit fait tout son possible pour renvoyer l'ascenseur. Certains souhaiteront remédier à cela en mettant en place un système de versement de commission (voir la fiche 4 – Opter pour la gratuité).

- la prescription inattendue : des professionnels se recommandent exceptionnellement ou très sporadiquement.

Dans certains cas, le client choisit lui-même son prestataire sans solliciter son réseau, soit que :

- ce client ait à cœur de ne pas être influencé par qui que ce soit ;
- le besoin ne soit pas très compliqué à satisfaire et/ou qu'il ait déjà dû mandater ce type de prestataire dans le passé ;

- le client ait une démarche professionnalisée de choix des prestataires, avec une direction des achats par exemple (grand groupe auprès de qui il faudra privilégier l'appel d'offres), ou qu'il soit déjà très au fait des pratiques du marché (fonds d'investissement habitué à travailler avec des prestataires pour leurs audits d'acquisition par exemple).

À noter

Plus l'enjeu est important pour le client, plus il est difficile de lui recommander un prestataire.

Aussi est-il primordial de cartographier les prescripteurs les plus enclins à vous recommander dans la chaîne de prescription afin de laisser le moins de place possible au hasard (voir la fiche 24 – Approcher les prescripteurs).

PEAUFINER SON MARKETING PRESCRIPTEUR

Il vous faut réfléchir à un *marketing prescripteur.* Faites savoir aux prescripteurs ce que vous êtes en mesure de faire pour leurs clients. Dans une grande majorité des cas, pour être prescrit, il faudra prescrire. Certaines sociétés de conseil – quel que soit le secteur – n'hésitent pas à expliquer qu'elles recommandent d'autres professions du conseil complémentaires à leur activité en fonction des recommandations précédemment reçues. Il faut être commerçant avec les prescripteurs, comme vous le seriez avec des clients. Efforcez-vous de vous montrer souple et avenant.

Quoi qu'il en soit, que les recommandations soient mutuelles ou unilatérales, le prescripteur attendra surtout de vous un bon travail, une information fiable et de la loyauté.

Un bon traitement des dossiers

Le prescripteur s'engage vis-à-vis du prospect auprès de qui il vous recommande. Il exigera donc de vous un bon travail et des délais respectés.

De l'information

Celle-ci peut concerner la prise de contact du prospect ou les modalités de traitement du dossier. Il est utile (parfois même obligatoire) de tenir le prescripteur informé à chaque étape, idéalement par courriel.

De la loyauté

La loyauté dans les relations de prescription consiste à ne pas prescrire un autre professionnel concurrent du premier, voire à ne pas prescrire un autre professionnel sur d'autres domaines si les recommandations sont le pré carré du prescripteur initial. Ne débordez pas sur le périmètre d'action du prescripteur. Il faut également être en mesure de faire accepter cela à vos associés ou collègues qui souhaitent vendre d'autres missions.

Être loyal revient également à ne pas critiquer ouvertement le prescripteur sur les avis techniques qu'il a pu émettre pour le client. Si vous avez des remarques, essayez d'abord, dans la mesure du possible, d'en discuter avec le prescripteur.

Par ailleurs, exactement de la même manière que vous pouvez vous rendre utile au client, il est tout à fait possible de vous rendre utile au prescripteur (voir la partie 3 – Savoir se rendre utile).

Conseil

Ne soyez pas trop impatient. Un petit service rendu, comme le fait de répondre ponctuellement à des petites questions techniques, n'oblige pas le prescripteur potentiel à vous recommander. Là encore, il n'est pas question de tenir une comptabilité. Consolez-vous : la réponse à ces petites questions vous permet également de lui montrer le savoir-faire de votre structure.

Qui est vraiment prescrit ?

Différentes caractéristiques peuvent motiver la recommandation.

La crédibilité de l'individu ou de la marque

Parfois, le prescripteur est rassuré par la marque. Il n'est pas certain qu'il recommanderait le professionnel s'il venait à rejoindre une structure moins connue ou dont les équipes seraient moins étoffées. Inversement, dans d'autres cas, il aura avant tout confiance dans l'homme qu'il recommandera, qu'importe son nouveau port d'attache.

Un certain corporatisme

Vous pouvez également être recommandé car vous avez été formé dans un certain type de structure et que cela rassure votre prescripteur, soucieux de recommander des professionnels qui travailleront avec une certaine méthode. Votre ancienne structure commune parlera pour vous.

> *Exemple : un auditeur sera parfois plus facilement recommandé car il a été formé dans le même* Big Four *que la personne qui donne son nom.*

Un côté clanique

Certaines activités ne se prêtent pas à la prescription pure et dure. C'est le cas des activités particulièrement sensibles pour le client. Des liens entre certains contacts peuvent cependant favoriser une recommandation. Un contact en qui le prospect a toute confiance sera très écouté.

Affûtez vos arguments

Il est nécessaire de réfléchir à votre valeur ajoutée. Quels sont vos points forts ? Essayez d'établir un argumentaire commercial sommaire. Vous pourriez être prescrit parce que :

- vous représentez une jeune structure disponible et vous n'êtes pas encore écrasé de travail. Faites-en un argument ;
- vous êtes capable de fournir un meilleur rapport qualité-prix. Justifiez-le auprès des prescripteurs potentiels par des coûts de structure moins élevés, un carnet de commandes qu'il est nécessaire de remplir, etc. ;
- vous êtes spécialiste de quelque chose. Il peut s'agir d'une compétence sectorielle ou de la connaissance d'une certaine zone géographique par exemple.

Dans certains cas, n'hésitez pas à expliquer au prescripteur quels types de dossiers vous ne pourriez en revanche pas prendre – faute de références (techniques ou sectorielles) alors que certains secteurs y attachent une grande importance, ou parce que les dossiers sont trop importants pour vous, etc. –, cela crédibilisera votre démarche.

Conseil

Lorsque vous serez prescrit, recherchez des informations pour maximiser les chances d'obtenir le dossier, notamment les concurrents avec qui le prospect a l'habitude de travailler. Cela permet accessoirement de faire de la veille concurrentielle.

Ouvrir son capital ?

Ouvrir une partie de son capital à une personne de grande influence pourrait permettre à la société de conseil de profiter des contacts de cette personne. Cela l'inciterait en effet à leur recommander la société dans laquelle elle a des intérêts. Il convient alors d'être attentif au conflit d'intérêts si cette personne est également décisionnaire chez un client de la société de conseil. Comme l'explique Xavier Leclercq dans son livre *Négocier les prestations intellectuelles* (p. 157), cet investisseur pourrait également être tenté de donner ordre aux achats de soutenir ce prestataire chez qui il a justement investi.

Expliquer sa manière de travailler

Faites comprendre ce que sont les standards et les impératifs de votre profession, comme vous devez au besoin détailler ce que sont vos habitudes, ce qu'est votre manière de faire. Pour multiplier les chances d'être prescrit, répétez les informations et mâchez le travail du prescripteur. Comme c'est le cas lors d'une mise en relation (voir la fiche 21 – Effectuer une mise en relation), il est nécessaire de faire prendre les bons plis aux prescripteurs et aux personnes prescrites.

Fiche 23 MULTIPLIER LES PRESCRIPTEURS

C'est la loi du genre. Il faut semer beaucoup pour espérer un petit retour. Tout l'enjeu est de se rappeler au bon souvenir des prescripteurs sans trop insister. Une poignée de prescripteurs seulement seront réellement actifs. Il va falloir vous armer de patience.

Il ressort de l'expérience de nombreux professionnels du conseil que les prescriptions sont rarement effectuées par les personnes auprès de qui elles étaient attendues au départ. Certaines d'entre elles vous semblent en mesure de vous prescrire régulièrement et ne le font pas ? Il ne faut surtout pas vous « braquer » et leur reprocher de ne pas le faire. Inversement, quelques bonnes surprises se feront jour, se concrétisant par des dossiers apportés par des personnes dont on n'espérait aucun retour, du moins immédiat. Aussi est-il nécessaire de semer régulièrement auprès de nombreux prescripteurs pour espérer des retours. Dans les faits, peu d'entre eux seront réellement actifs.

Se faire connaître

Il est très difficile de se faire un nom dans un marché du conseil souvent mature.

Contacter suffisamment de personnes

L'essentiel est de leur laisser l'occasion de vous connaître et de vous prescrire. Il est courant de dire que les effets d'une rencontre se font sentir après plusieurs années. Aussi est-il indispensable de réfléchir à très long terme. Faut-il pour autant approcher de nombreux prescripteurs dans chaque métier ou est-il préférable de se cantonner à un nombre réduit de partenaires ? Le nombre de prescripteurs supposés actifs sur un segment est très important (voir la fiche 24 – Approcher les prescripteurs). Ni trop ni trop peu. Tout dépend du métier exercé.

Consolider sa notoriété

Même en l'absence de prescriptions, l'approche de prescripteurs, et notamment des prescripteurs clés, permet de se faire connaître et d'être identifié par votre écosystème. Cela peut être utile en termes de notoriété dans l'hypothèse où un prospect souhaiterait se renseigner sur vous. En effet, pour certains clients, il est rassurant, voire fondamental, d'être visible. Ils sont en effet très sensibles à ce phénomène dit du *name-dropping*. Pour vous faire connaître à l'étranger, organisez régulièrement des voyages afin de rendre visite à des confrères susceptibles de vous recommander.

Piqûre de rappel

Il est légitime de se demander s'il faut insister auprès des prescripteurs pour générer des dossiers. Les questions se posent, à peu de chose près, dans les mêmes termes que pour le démarchage d'un client potentiel. À chacun de positionner le curseur comme il l'entend. Deux cas de figure doivent être distingués.

Cas n° 1 : le prescripteur sollicité ne répond pas tout de suite à votre proposition de rencontre

Malgré le courriel particulièrement clair que vous lui aurez fait parvenir, il ne lève pas l'option et ne vous rencontre pas. Dans ce cas, peut-être sera-t-il judicieux d'attendre une bonne occasion pour vous présenter à lui (par exemple, une conférence, une manifestation professionnelle ou un cocktail).

Surtout, ne lui reprochez pas alors de ne pas avoir répondu à votre sollicitation ! Au contraire, s'il s'excuse de ne pas avoir répondu à votre proposition, mettez-le en confiance et dites-lui que vous comprenez tout à fait qu'il ne l'ait pas fait, par manque de temps par exemple.

Maintenant que vous avez sa carte de visite professionnelle, agissez vite en lui envoyant dès que possible un autre courriel afin de convenir d'un rendez-vous. L'idéal sera de le lui adresser juste après cette rencontre en choisissant un objet susceptible de retenir son attention (« proposition de rencontre – suite à nos échanges de ce jour » par exemple). De cette manière, le prescripteur potentiel jugera tout naturel de respecter sa promesse de vous revoir.

Cas n° 2 : le prescripteur a répondu à votre sollicitation mais ne vous envoie pas de dossiers

Il ne faut surtout pas le lui reprocher : il ne vous doit rien. Mieux vaudra attendre et rester à sa disposition pour répondre à d'éventuelles questions et, mieux encore, le mettre en relation avec des clients pour amorcer la pompe.

Les vœux et les événements organisés par votre structure seront un excellent moyen de vous rappeler à son bon souvenir.

Un prescripteur satisfait peut devenir un client

La confiance dans le savoir-faire de votre structure, renforcée par le témoignage du client prescrit, pourra lui donner envie de devenir lui-même client. Cette configuration est très intéressante dans la mesure où elle permettra au prescripteur, s'il le souhaite, de dire à ses clients qu'il a lui-même opté pour vos services, ce qui renforcera la crédibilité de la recommandation.

Fiche 24 APPROCHER LES PRESCRIPTEURS

Que ceux-ci aient vocation à vous recommander de manière régulière ou plus occasionnelle, il est important de cartographier les prescripteurs potentiels. Réfléchissez aux meilleures manières de les approcher et de leur donner envie de vous prescrire.

Il est envisageable de demander à une personne de vous mettre en relation directe avec un prospect que vous aurez préalablement identifié. Rarement efficaces, ces demandes de mise en relation doivent être utilisées au compte-gouttes. Sauf exception, notamment si une personne vous demande très directement qui dans son réseau pourrait être intéressé par votre action, il est en effet peu fréquent que ce type de demande aboutisse.

Ces prescriptions sollicitées doivent donc être utilisées lorsque vous êtes certain de la légitimité de votre demande. Il ne faut surtout pas qu'elles mettent mal à l'aise le prescripteur sollicité. Si elles sont effectuées, elles doivent être entourées de précautions oratoires particulières (en précisant bien que s'il ne peut pas le faire, ce n'est pas grave, etc.).

Le piège à éviter

Voir les relations en commun sur les réseaux sociaux digitaux et solliciter une mise en relation (voir la fiche 40 – Rechercher des informations) sera, sauf exception ou idée particulièrement brillante, rarement productif.

Pour qu'une prescription soit pertinente, il faut qu'elle réponde à un besoin particulier (compétence très spécifique) ou intervienne en même temps qu'un besoin actuel. Dans la plupart des cas, il semble donc préférable d'expliquer au prescripteur potentiel ce que sont vos compétences pour qu'il soit en mesure de vous recommander au moment opportun.

L'approche stratégique

Privilégiez les schémas les plus rentables pour vous en termes de temps passé.

L'audit des prescripteurs potentiels

Votre plan d'action doit avant tout définir vos priorités. Il est très important de vous demander qui pourrait potentiellement être prescripteur, c'est-à-dire quels types de métiers pourraient logiquement vous recommander pour certains types de missions.

Demandez-vous également quel professionnel serait le plus à même de le faire : il semble en effet plus facile de proposer un rendez-vous de présentation de son activité à une personne qui débute comme vous ou a les mêmes types de dossiers que vous qu'à la star du secteur très visible et certainement déjà extrêmement sollicitée. Il pourra cependant être intéressant de rencontrer celle-ci lorsque vous aurez plus de temps afin qu'elle connaisse votre nom.

Certains professionnels pourront vous prescrire occasionnellement. Ce seront certainement ceux auprès de qui il faudra faire le plus d'effort en termes de pédagogie ou de scénarios de prescription.

> *Exemple : l'expert-comptable recommandera exceptionnellement à son client un conseil en propriété industrielle.*

Le renforcement sur des secteurs non couverts

Au fil du temps, de nombreux secteurs d'activité non couverts pourront être envisagés, comme des *relais de prescription* (qui s'envisagent peu ou prou comme des relais de croissance). Ne laissez pas s'évaporer des idées qui pourraient un jour se traduire par des occasions de prescription et un gain de notoriété.

Les prescriptions mutuelles ou unilatérales

Bien souvent, les rapports entre prescripteurs et prescrits sont disproportionnés. L'essentiel est de montrer que vous vous intéressez à l'activité de votre prescripteur et que vous saurez lui présenter un dossier si l'occasion se présente. C'est là encore un témoignage de bonne volonté.

Les prescriptions unilatérales sont certainement idéales dans la mesure où il n'est pas nécessaire de s'échiner ou de faire mine de s'échiner à envoyer des dossiers en retour, ce dont vous n'avez pas nécessairement les moyens.

Faut-il sélectionner les prescripteurs ?

Il y a une sélection des prescrits, faut-il alors une sélection des prescripteurs ? Certains d'entre eux peuvent être moins intéressants si leur pratique professionnelle ne semble pas respecter les mêmes standards que la vôtre. Cela ne pose pas de problème tant que le prescripteur vous laisse faire votre travail en respectant vos méthodes. Il ne faut pas qu'il vous impose de travailler à sa manière.

L'APPROCHE CONCRÈTE

Plusieurs étapes successives doivent être envisagées.

L'identification de l'interlocuteur décisionnaire dans l'établissement

Tout le monde n'est pas prescripteur dans un établissement. Dans la mesure du possible, il faut d'emblée choisir le bon interlocuteur. Avant de faire un mauvais choix et d'approcher une personne qui n'est pas décisionnaire en la matière, il importe d'étudier le système de prescription pour chaque établissement puis pour chaque métier.

Il ne faut pas se tromper de point d'entrée. Sachant qu'il n'est pas facile de rectifier le tir, l'interlocuteur décisionnaire doit être atteint dès que possible. Si le point d'entrée est par exemple un commercial, celui-ci non seulement ne sera pas prescripteur mais attendra de vous d'éventuels dossiers. Il sera ensuite beaucoup plus difficile d'atteindre le décisionnaire sans le froisser, sans lui donner l'impression que vous avez cherché à le contourner. Pensez aussi à multiplier vos contacts en interne (voir la fiche 25 – Améliorer sa notoriété).

La prise de contact

L'écrit présente des avantages de taille par rapport au téléphone : il permet d'être synthétique et offre au destinataire la possibilité de lire le message quand et s'il le souhaite. En clair, il est moins intrusif.

Rassurez-vous : il n'est pas toujours compliqué d'obtenir un rendez-vous avec un prescripteur potentiel. Le tout sera de rédiger un courriel de prise de contact donnant envie d'y répondre positivement.

Le plus difficile sera de retenir son attention pour qu'il discerne des éléments différenciants dans votre activité ou votre façon de traiter les dossiers. C'est ce qui lui donnera l'envie de vous recommander.

Ces éléments différenciants peuvent se voir :

- d'emblée : des compétences peu communes sont susceptibles d'intéresser les clients du prescripteur ;
- tout au long de la relation : par le biais des remerciements, du suivi de la relation, etc. Ces éléments peuvent être mis en avant dès le premier rendez-vous, mais il faudra au fur et à mesure de votre relation avec le prescripteur lui démontrer qu'il ne s'agit pas que d'un « effet d'affichage ».

La préparation du rendez-vous

Préparer le rendez-vous suppose donc de se renseigner sur l'activité du prescripteur en cherchant des éléments sur son métier en général et sur sa propre pratique. Cette préparation vous évitera de laisser échapper des occasions. En outre, vous susciterez l'intérêt du prescripteur, qui estimera qu'il ne vous consacre pas du temps pour rien.

Anticiper des scénarios de prescription

L'idéal est de se demander préalablement au rendez-vous dans quelles situations chacun de vous pourrait être prescrit. Si vous êtes dans une démarche active en étant le demandeur de ce rendez-vous, vous n'aurez pas de mal à vous représenter comment votre interlocuteur peut vous prescrire. L'inverse sera plus difficile. C'est pourquoi il vous faut mâcher le travail du prescripteur en imaginant les hypothèses dans lesquelles les prescriptions vers vous seront possibles, voire valorisées.

Comprendre ses contraintes

En vous montrant réceptif aux contraintes du prescripteur, vous lui ferez comprendre que vous parlez le même langage et que vos prescriptions seront ciblées. Cela évitera une perte de temps mutuelle. Ne négligez pas non plus les contraintes internes du prescripteur.

À noter

Pour vous faire prescrire par des confrères dans un cadre international, deux possibilités s'offrent à vous : vous pouvez adhérer à un réseau ou sélectionner vous-même vos *best friends*.

Se faire recommander au sein de son groupe

Dans certains cas, il faut réseauter pour trouver ses missions en interne.

- Avec les mêmes métiers (un département en faisant travailler un autre) : il faut parfois savoir entretenir de bonnes relations internes pour avoir l'opportunité de travailler sur des dossiers, voire de se faire référencer sur des dossiers. Il faut donc considérer ses collègues comme des prescripteurs en puissance.
- Avec des métiers différents au sein d'un même groupe (par exemple, l'avocat prescrit par l'auditeur). Deux cas de figure doivent être distingués :
  - cas n° 1 : avec conflit d'intérêts. Ce sera l'occasion de prescrire une entité extérieure. L'essentiel est de ne perdre aucun flux ;
  - cas n° 2 : sans conflit d'intérêts. Ce dossier pourra être traité en interne.
- Avec les bureaux étrangers : certains d'entre eux peuvent être de gros pourvoyeurs de dossiers. Essayez simplement d'être l'associé de votre bureau qui sera choisi...

Fiche 25 AMÉLIORER SA NOTORIÉTÉ

Le contact est pris. Il est essentiel de diffuser votre notoriété au sein de la structure prescriptrice. Attention à ne pas froisser certaines personnes.

Il convient de distinguer les situations dans lesquelles vous pouvez avoir une multitude de prescripteurs et celles où vous aurez un prescripteur unique. « Favoriser la contamination » en interne peut être utile pour multiplier les prescriptions dans l'équipe et préparer l'avenir. Il est donc très important de tisser des liens et de garder un contact avec l'équipe du prescripteur décisionnaire.

Exemple : de nombreux établissements organisent leur politique de prescription. Pour pouvoir recommander des prestataires, ces derniers doivent réussir à entrer dans le panel. C'est par exemple le cas dans certaines divisions de banques privées fondées à recommander régulièrement des professionnels à leurs clients.

Multiplier les contacts dans l'équipe

Multiplier les contacts permet d'augmenter le nombre d'opportunités de recommandations et le nombre de prescriptions. Accessoirement, vous pourrez consolider votre notoriété en interne chez le prescripteur.

De même, c'est ainsi que vous vous rappellerez à l'attention du décisionnaire. Un non-décisionnaire interne peut également parler de vous au décisionnaire à l'occasion d'un dossier (il en va de même chez le client). Les animations de séminaires et autres présentations techniques sont un très bon moyen d'entrer en contact avec des équipes entières.

Conseil

Ajoutez toutes ces nouvelles personnes rencontrées sur les réseaux sociaux digitaux immédiatement pour qu'elles pensent à vous. N'oubliez pas non plus de leur envoyer vos vœux.

Préparer l'avenir

Tout comme votre sponsor chez le client, votre prescripteur pourrait être un jour amené à quitter la structure. Anticipez de tels départs. Ne négligez pas le ou les adjoints de l'interlocuteur décisionnaire pour vous recommander. En effet, si cela est possible, garder contact avec l'adjoint du prescripteur peut être précieux, qu'il prenne la place du décisionnaire ou qu'il quitte son établissement actuel pour rejoindre une autre structure. Il pourrait dans ce dernier cas devenir le décisionnaire ou vous présenter au décisionnaire de l'établissement qu'il vient de rejoindre.

Mais cela n'est pas toujours possible. Veillez à ne pas mettre en péril l'existant en vous montrant trop gourmand. Étudiez l'organisation de la structure dans laquelle ils travaillent et essayez de faire preuve d'un peu de psychologie pour déterminer quels sont les rapports entre le décisionnaire et son équipe.

Deux cas de figure doivent être distingués :

Cas n° 1 : la personne décisionnaire ne voit pas d'inconvénient à ce que vous soyez en relation avec son adjoint

Veillez cependant à garder une certaine mesure et à montrer que vous privilégiez toujours le numéro un en termes d'informations utiles ou de prescription. Évitez également de donner des informations sur des postes à prendre à l'adjoint, ce qui serait déloyal vis-à-vis de votre interlocuteur premier. Si celui-ci vous en fait la demande, vous confiant ainsi son envie de quitter la structure, répondez-lui poliment que vous garderez bien sûr cette demande pour vous mais que vous ne pouvez pas vous mettre dans une situation indélicate vis-à-vis du décisionnaire.

Cas n° 2 : la personne décisionnaire n'est pas très favorable à ce que vous soyez en relation avec son adjoint

Pour certains contacts jaloux de leur pré carré, cette entrée en relation pourrait presque être vue comme une trahison. Dans ce cas, contentez-vous de lui faire parvenir vos vœux si vous l'avez rencontré. Attendez le départ du numéro un pour vous rapprocher de lui. Dans l'hypothèse où le numéro deux prendrait la suite du numéro un sur le départ, il est nécessaire de réfléchir à la transition sans que le numéro un vous catalogue comme un opportuniste sans foi ni loi. En effet, celui-ci continuera souvent d'être prescripteur depuis son nouveau poste. Dès le départ effectif du numéro un décisionnaire (et pas avant), il faudra prendre contact avec l'adjoint pour préparer l'avenir.

Fiche 26 SAVOIR REMERCIER

Même si cela semble évident, un grand nombre de personnes prescrites oublient, souvent involontairement, de remercier leur prescripteur.

Remercier un prescripteur est fondamental : il ne faut pas attendre que celui-ci vous appelle pour le remercier. Au contraire, n'hésitez pas à vous montrer proactif. Remercier donnera envie au prescripteur appréciant cette démarche de vous recommander de nouveau. Peut-être pensera-t-il une nouvelle fois à vous pour d'autres dossiers sur lesquels vous solliciter.

Il est nécessaire de dire merci au prescripteur, même si vous n'êtes pas directement en relation avec lui (il pourra avoir simplement eu votre nom par un client) et même si le client ne vous contacte pas ou s'il n'est pas très sympathique. C'est l'effort de prescription qu'il faut saluer. Inversement, soyez attentif aux remerciements lorsque vous prescrivez : leur qualité ou leur absence seront un bon indicateur de la valeur que le prescrit accorde à votre recommandation.

Il existe de multiples manières de dire merci (voir l'encadré p. 103).

Conseil

Mutualisez au besoin les remerciements. Il est important que la personne de votre société à qui vous présenterez le dossier et qui sera l'interlocuteur du client remercie également le prescripteur ou au moins que vos remerciements soient rendus communs, par exemple dans un courriel dont cette personne serait mise en copie.

Remercier au bon moment

Il est nécessaire de remercier les personnes qui se sont donné du mal pour vous.

- Remerciez dès que vous êtes informé, c'est-à-dire dès que vous avez l'information de la prescription, soit parce que le prescripteur vous en a informé, soit parce que le client vous a contacté sur ses conseils. Il est important de mettre les bonnes personnes dans la boucle.

- Multipliez les remerciements : des remerciements bien rythmés constituent autant d'occasions de rester en contact. Ainsi, il faudrait remercier dès que l'on a l'information, puis une fois que le client vous a mandaté. Un simple courriel de quelques lignes suffira à tenir le prescripteur informé.

« Merci mais non »

Pouvez-vous vous permettre de décliner une recommandation ? La personne qui va vous recommander pensera souvent bien faire en donnant votre nom à tout type de client. Dans certains cas cependant, les clients envoyés ne seront pas intéressants pour vous au regard de votre cible. La situation doit alors être gérée avec le plus grand tact.

Deux cas de figure doivent être distingués.

Cas n° 1 : le prescripteur vous appelle auparavant pour vous en parler

Rien ne vous empêche de lui expliquer clairement que vous manquez de temps pour ce type de dossier mais que vous pourrez recevoir le client pour lui donner quelques informations. Surtout remerciez-le tout de même d'avoir pensé à vous. Cela peut également être l'occasion de valoriser le prescripteur en lui disant que vous recevrez cette personne avec d'autant plus de diligence qu'elle vient de sa part. Ainsi, vous lui ferez subtilement comprendre, dans cette configuration précise, que c'est un peu vous qui lui rendez service.

Cas n° 2 : le prescripteur a donné directement votre nom

Recevez le client et réfléchissez rapidement pour lui donner des noms d'autres professionnels susceptibles de l'assister. Il peut notamment s'agir de jeunes professionnels venant de monter leur cabinet ou de confrères spécialement équipés, qui traitent les dossiers de manière plus industrialisée par exemple, pour s'occuper de ces petits dossiers (voir la fiche 31 – Recommander un concurrent).

Mesurer l'action de vos prescripteurs

La mise en place de tableaux de suivi de prescription peut permettre d'éviter des oublis dans le traitement des dossiers ou dans les remerciements à adresser aux prescripteurs. C'est particulièrement indiqué dans l'hypothèse où les prescripteurs d'un même établissement sont multiples. Si cela semble opportun, faites un retour statistique à votre prescripteur (montant moyen facturé sur ce type de dossier, nombre de clients traités sur une année civile grâce à lui, etc.).

À noter

Certains logiciels de gestion professionnels peuvent permettre de comptabiliser (à l'aide de codes de référencement) l'apport de chaque prescripteur.

Exemple de tableau de suivi des prescriptions

Prescripteur	Nom du client	Description du dossier	A pris contact	Doit prendre contact	Retour au prescripteur ?	Commentaires

Quelle forme pour le remerciement ?

Tenez compte de ce que préfère le prescripteur :

- Par courriel : personnalisez le message de remerciement. Mettez en copie plusieurs interlocuteurs si nécessaire. C'est l'occasion de vous ancrer dans leur mémoire.
- Par téléphone : si vous avez une bonne relation avec le prescripteur ou si vous voulez en profiter pour lui parler d'un autre sujet, téléphonez-lui.
- Les petits cadeaux entretiennent l'amitié. Faut-il faire des cadeaux, par exemple en fin d'année (voir le chapitre 14 – Profiter des vœux de fin d'année), ou inviter son prescripteur au restaurant ? Adaptez-vous à ce que ce dernier préfère. Veillez à ce que ces gestes représentent des montants raisonnables, voire symboliques.

Chapitre

9 Prescrire

Comment espérer être recommandé sans faire l'effort de recommander ou, au moins, de s'intéresser aux activités d'autres professionnels ? À chacun d'établir sa stratégie et d'affiner ses critères de recommandation en minimisant les risques et en maximisant le retour sur investissement, tant auprès de la personne recommandée que du client.

Fiche 27 PRESCRIRE JUSTE

Prescrire, c'est donner le nom d'un professionnel à un client ou à un prospect susceptible de recourir à ses services. Encore faut-il que cette recommandation soit pertinente.

Pour qu'une prescription soit réussie ou au moins prise en considération, tâchez de vous mettre à la place du client.

DANS LA PEAU DU CLIENT

Si un client vous demande un nom, c'est qu'il estime que vous saurez comprendre ses besoins et le conseiller. Il souhaite donc que vous mettiez à contribution votre connaissance du marché pour lui recommander le professionnel adapté qui lui viendra en aide au meilleur rapport qualité-prix. Mettez-vous à sa place pour cerner ses besoins en termes de :

- Difficulté : son cas est-il classique ou particulièrement complexe ?
- Réactivité : le dossier est-il urgent et justifie-t-il éventuellement que vous fassiez pression sur le professionnel que vous recommandez ?
- Prix : le client est-il habitué à payer ce type de prestation ? À verser des honoraires ? Qui sera facturé : lui-même en tant que personne physique ou une société dont il est salarié ?
- Pédagogie : ce client ressent-il un besoin particulier de recevoir des explications ou d'être rassuré ? Le dossier est-il sensible ? Bien qu'excellents techniciens, certains professionnels manquent parfois d'empathie pour le client. Souvent, insister en amont sur ce besoin particulier de compréhension leur permettra de faire davantage d'efforts qu'à l'accoutumée.

Posez les questions nécessaires à la personne qui vous sollicite pour lui montrer que vous vous intéressez à son cas et que vos recommandations ne se borneront pas à adresser un dossier au seul expert que vous connaissez et qui se trouve justement être celui qui vous envoie des dossiers. Expliquez ensuite clairement au client pourquoi le professionnel est adapté. C'est l'occasion de *marketer votre prescription*. En effet, il faut donner l'envie à un client, qui aura parfois sollicité de nombreuses personnes, de contacter le professionnel que vous recommandez.

Conseil

Résumez les besoins du client pour être en mesure de les retranscrire fidèlement au professionnel recommandé. Si le cas vous semble particulièrement complexe, faites l'effort de le synthétiser par courriel et de le faire valider par le client. Celui-ci appréciera votre professionnalisme et se rendra compte de vos efforts. Vous gagnerez également des points auprès de la personne recommandée. En lui expliquant les tenants et les aboutissants de l'opération, vous l'aiderez à anticiper certains aspects du dossier et contribuerez à la vente de sa prestation.

À noter

Pour les gros clients, il est beaucoup plus difficile de faire des recommandations. Ceux-ci sont généralement très bien équipés en interne pour faire leur choix. Les grands comptes disposent en effet de services achats travaillant de concert avec les utilisateurs et les services techniques (voir la fiche 14 – Anticiper les appels d'offres).

Cerner les contraintes du professionnel

Commencez par connaître les professionnels que vous êtes susceptible de recommander de manière régulière ou très occasionnelle (voir l'encadré p. 110). Assurez-vous que le professionnel dont vous souhaitez donner le nom est adapté et que vous ne le mettez pas en porte-à-faux, de quelque manière que ce soit. Pour que vos recommandations soient efficaces, soyez au fait de ses contraintes.

Les contraintes réglementaires

La personne que vous recommandez dispose-t-elle des agréments nécessaires pour réaliser la mission ?

> *Exemple : votre client vous demande le nom d'un professionnel de la gestion de patrimoine susceptible de l'accompagner dans l'acquisition de plusieurs biens immobiliers défiscalisants. Recommandez-lui quelques conseillers réputés pour leur sérieux et titulaires de la carte professionnelle de transaction immobilière (loi Hoguet), et non des conseillers limitant leur intervention à la gestion financière. Ceux-ci devraient « botter en touche », ce qui décrédibiliserait votre démarche.*

Les contraintes territoriales

Le prescrit peut-il intervenir partout en France ? Dans certains départements ? À l'étranger ?

> *Exemple : si votre client vous demande le nom d'un huissier de justice, souvenez-vous que celui-ci ne peut intervenir que dans un certain cadre territorial. Informer le client en amont de cette contrainte permet de gagner du temps et de lui éviter des démarches inutiles.*

Les contraintes organisationnelles

Quelles sont les modalités d'intervention du professionnel recommandé ? Devra-t-il mobiliser une équipe pour traiter ce dossier ou même aller chercher une compétence externe particulière ?

> *Exemple : à tort ou à raison, un client souhaite que vous lui recommandiez un notaire qui sera son unique interlocuteur pour son dossier immobilier. Recommandez-lui un professionnel que vous connaissez et qui sera d'accord pour assurer lui-même l'interface avec le client.*

Les contraintes saisonnières

Certaines périodes sont particulièrement chargées pour certains métiers.

> *Exemple : en période de clôture des comptes par exemple, les cabinets d'expertise comptable doivent traiter une charge de travail considérable. Aussi semble-t-il préférable, pendant cette période, d'adresser des clients à des cabinets suffisamment structurés pour absorber de nouvelles missions. S'adresser à des cabinets nouvellement créés par des jeunes professionnels motivés en quête de clientèle pourrait être une solution.*

Référencer en amont

Si cela n'est pas indispensable, il peut se révéler judicieux de sélectionner les personnes prescrites en amont de la demande d'un contact. Au-delà d'une augmentation indéniable de l'efficacité de votre prescription, ce travail préalable aura de nombreux bénéfices.

Accroître sa notoriété

Vous ferez connaître votre structure et votre démarche aux professionnels de votre écosystème. Peut-être que l'un d'entre eux, appréciant votre démarche, vous fera la bonne surprise de vous recommander le premier.

Valoriser sa prescription

Être capable de donner d'emblée au client le nom de différents professionnels en détaillant leurs caractéristiques et leurs connaissances sectorielles sera très apprécié. La personne qui vous sollicite constatera que vous connaissez bien le marché ou que vous savez vous poser les bonnes questions pour l'aider à trouver les meilleurs spécialistes. Cela renforcera votre crédibilité auprès du client et maximisera les chances qu'il appelle la personne prescrite.

Ce travail préliminaire permet d'éviter de demander conseil à d'autres contacts qui seront eux-mêmes considérés comme prescripteurs par le professionnel recommandé. Certes, l'essentiel est de répondre aux besoins du client. Toutefois, si cette intermédiation peut être évitée en référençant préalablement des professionnels, cela reste appréciable (voir la fiche 28 – Prescrire stratégiquement).

Mettre en commun une base de données des professionnels référencés au sein de votre structure

Cela permettra d'augmenter votre force de prescription et d'échanger avec vos associés et collaborateurs sur les retours des clients (voir la fiche 6 – Réseauter en équipe).

Conseil

Intéressez-vous aux pratiques du marché et, si possible, étudiez les lettres de mission d'autres professionnels. Fournies par des clients ou par des prescripteurs amis, elles vous permettront de vous familiariser avec les standards des différents métiers. Sans vous substituer au client dans le choix du prestataire, vous serez en mesure de lui donner un avis aussi objectif que possible sur les propositions qui lui sont adressées.

Quels sont vos livrables ?

Informez-vous. Efforcez-vous de comprendre le métier du professionnel que vous pourriez être amené à recommander. N'hésitez pas à lui demander de vous expliquer à quoi ressemblent ses livrables, quels sont les délais de réalisation, etc. Voici quelques exemples :

- pour un consultant en conduite du changement, les livrables peuvent se matérialiser sous forme de rétroplannings d'actions de formation diverses (formation sur une nouvelle stratégie dans la relation client...) ou par des actions de communication *via* des supports variés (lettres d'information...) ;
- pour un conseil en systèmes d'information, il peut s'agir d'un plan de réorganisation du réseau informatique d'un client, d'un outil de gestion ou d'interface client par exemple.

Fiche 28 PRESCRIRE STRATÉGIQUEMENT

Une prescription n'est pas seulement un service rendu à un client, c'est aussi une chance de développer ou d'entretenir un courant d'affaires. C'est en quelque sorte une cartouche à tirer. Ne ratez pas une occasion de faire connaître votre capacité à recommander le professionnel adapté dans un secteur.

Afin de savoir qui vous recommandez, donnez-vous le temps de la réflexion.

Évaluer correctement ce que l'on présente

Les efforts que vous faites pour rendre service au client et à la personne prescrite doivent être évalués à leur juste mesure. Évitez donc de recommander un professionnel qui n'est pas susceptible de les apprécier. En effet, une personne débordée de travail et déjà très reconnue sur son secteur ne sera pas aussi reconnaissante que vous le souhaiteriez de cette marque de confiance. Or, cette même occasion pourrait changer vos rapports avec un autre professionnel en vous faisant entrer dans le cercle des personnes auxquelles il se sent redevable.

Saupoudrer ou se concentrer ?

Sauf s'ils n'y sont absolument pas sensibles, recommandez en priorité les prescripteurs qui vous apportent des dossiers : c'est la meilleure façon de les remercier. Au-delà, réfléchissez à la stratégie la plus adaptée pour vous en termes de présentation de dossiers. Aurez-vous davantage intérêt à recommander régulièrement un ou deux professionnels pour le même type de mission ou à saupoudrer ? À moins de nouer un partenariat avec une structure susceptible de vous présenter un nombre important de dossiers, il semble préférable de multiplier les interlocuteurs, ne serait-ce que pour gagner en notoriété. En outre, mieux vaut éviter de toujours recommander le même professionnel, qui risque à terme de considérer vos recommandations comme acquises.

Valoriser son action

Vous avez fait des efforts, faites-le savoir !

Auprès des personnes prescrites

Il faut bien faire comprendre que le dossier vient de vous.

> **Le piège à éviter**
>
> Évitez de donner le nom d'une structure sans contact identifié et/ou sans dire à votre client d'appeler de votre part.

Auprès des clients

Adresser un professionnel compétent et susceptible de répondre à des besoins particuliers est parfois chronophage. Dans certains cas, c'est une réelle plus-value pour le client néophyte à qui vous retirerez une épine du pied. Il faut donc que celui-ci comprenne que vous avez consacré du temps à cette recherche et lui avez rendu un réel service, ce qui vous valorisera auprès de lui et l'incitera à appeler votre contact, voire, pourquoi pas, à vous solliciter pour d'autres dossiers.

Pour éviter tout malentendu, rappelez au besoin à votre client que, dans le cadre de votre démarche réseau, vous avez choisi de ne pas être commissionné lors de la présentation de clients.

Qui contacte qui ?

Plusieurs scénarios peuvent être envisagés.

Vous laissez le client contacter le prescrit

Dans ce cas, incitez-le bien à contacter le professionnel de votre part. De votre côté, vous pouvez également prévenir le professionnel qu'il pourrait être contacté, en lui donnant le nom du client ou pas, selon son souhait. C'est l'occasion d'expliquer à votre correspondant les tenants et les aboutissants du dossier et les spécificités du client.

Pour des raisons de confidentialité, mieux vaut éviter dans la plupart des cas de transmettre de vous-même le nom du client à la personne prescrite.

Pour certains professionnels, il s'agit même d'une obligation déontologique. Indélicats, certains professionnels que vous recommandez pour la première fois pourraient en outre s'étonner de ne pas recevoir d'appel du client et contacter eux-mêmes celui-ci, ce qui aurait des répercussions négatives pour vous en termes de réputation.

Le professionnel recommandé prend contact avec le client

Avec l'accord ou sur la suggestion du client, vous pouvez également transmettre ses coordonnées au professionnel afin que celui-ci le contacte. Cette solution est souvent préférée par le professionnel qui met toutes les chances de son côté pour être mandaté. Cela crédibilise grandement la prescription.

Vous effectuez une mise en relation entre le client et le professionnel recommandé

Cette mise en relation pourra par exemple s'effectuer par un courriel dont l'objet pourrait être : « Mise en relation Entreprise X – Y Consulting », et le texte : « Suite à nos échanges respectifs, je propose de mettre en contact : monsieur X, dirigeant de l'entreprise Z, et monsieur Y, consultant spécialisé dans les questions de… Je vous laisse échanger entre vous et reste à votre disposition… »

Cette dernière méthode, qui nécessitera d'avoir préalablement recueilli l'accord des deux parties, vous permettra de bien rappeler à chacun, si besoin est, que vous êtes à l'origine de cette mise en relation et permettra au professionnel de rebondir facilement en proposant un rendez-vous à ce prospect (voir la fiche 21 – Effectuer une mise en relation).

Prescrire pour d'autres

Vous êtes particulièrement à l'aise pour recommander des gens et y prenez même un certain plaisir ? Sans que cela devienne trop chronophage pour vous, proposez à vos relations de vous contacter lorsque eux ou leurs clients souhaitent dénicher le professionnel adapté. Cette posture vous permettra, à long terme, d'avoir beaucoup plus de poids auprès des professionnels que vous recommandez. Veillez cependant à poser les limites de votre intervention : être ouvert aux prescriptions possibles ne signifie pas rendre tout type de service. Les recommandations professionnelles sont par exemple différentes des services plus pratiques rendus par une conciergerie. Aussi est-il nécessaire de faire comprendre à votre entourage où réside votre valeur ajoutée, afin qu'il ne vous sollicite pas de manière incongrue.

Exemple : conseil financier et opérationnel, vous croisez souvent des cabinets d'avocats dans le cadre d'opérations d'acquisition. Incitez-les à vous faire remonter les besoins particuliers de leurs sociétés clientes. Le directeur financier d'une PME cliente d'un cabinet pourrait par exemple avoir un jour besoin de mandater un cabinet de recrutement particulièrement pointu dans le cadre de la création d'un poste d'auditeur interne. Grâce à votre connaissance du secteur, vous pourrez recommander un ou deux professionnels rompus à ces questions et calibrés pour la mission.

Voici les avantages que vous en tirerez :
– vis-à-vis du cabinet d'avocats : vous aurez renforcé vos relations avec lui en ayant rendu service à son client, ce qui le valorise auprès de lui ;
– vis-à-vis de la PME : en contactant les professionnels de votre part, elle va prendre connaissance de votre existence et de votre expertise, ce qui pourra éventuellement vous permettre de décrocher un rendez-vous de présentation de vos activités ;
– vis-à-vis du chasseur de têtes mandaté : vous aurez eu une occasion de recommander ses services, ce dont il vous sera reconnaissant.
En définitive, vous aurez surtout créé ou maintenu des relations avec des contacts de votre écosystème sans nécessairement avoir de dossier en cours avec eux.

Éviter de recommander un professionnel trop qualifié

Si la recommandation d'un professionnel manquant d'envergure au regard du dossier du client doit être proscrite, l'inverse est également vrai. Ne lui recommandez pas un professionnel trop qualifié pour ses besoins. En effet, si la surface du client n'était pas suffisamment importante pour lui, le professionnel pourrait :

- se charger de la mission pour ne pas vous mettre mal à l'aise vis-à-vis de votre client. Dans ce cas, il pourra considérer que c'est lui qui vous rend service, surtout s'il lui consent des honoraires plus réduits qu'à son habitude ;
- recevoir le client pour lui expliquer qu'il n'est pas adapté à sa structure sans lui donner de solution de rechange. Vous lui aurez fait perdre du temps et le client pourrait se vexer de ne pas avoir été considéré comme suffisamment important ;
- accepter la mission pour finalement s'en désintéresser et la faire passer après d'autres dossiers plus importants, ce qui serait le pire scénario.

Aucune de ces hypothèses ne se révélera satisfaisante, alors que vous auriez pu recommander un professionnel moins prestigieux mais plus adapté au dossier en question.

Fiche 29 PRESCRIRE PRUDEMMENT

Que vous soyez plutôt réactif ou proactif, une prescription engage votre réputation. Il est primordial d'acquérir les bons réflexes pour recommander les bonnes personnes et prévenir d'éventuels problèmes.

Si les scénarios de prescription peuvent être très différents, deux grands cas de figure doivent être distingués :

Cas n° 1 : le client vous sollicite pour que vous lui recommandiez quelqu'un

Même si le client vous a questionné, votre responsabilité ne sera pas totalement exonérée en cas de problème : vous aviez en effet le choix de lui dire que vous ne connaissiez personne (voir la fiche 30 – Suivre la prescription).

Cas n° 2 : vous provoquez la prescription

Au gré d'une discussion, vous *poussez* la prescription en lui recommandant de prendre attache avec tel ou tel professionnel susceptible de l'assister au mieux. Dans ce cas, vous n'avez pas le droit à l'erreur.

Prescrire ce que l'on comprend

Pour bien répondre aux besoins du client, il faut d'abord le comprendre. Or, le client n'est pas toujours à même d'expliquer les tenants et les aboutissants de son cas. Aussi est-il plus prudent de se limiter aux dossiers compréhensibles et d'éviter ceux qui n'ont rien à voir avec votre écosystème. Vérifiez au besoin auprès de la personne que vous envisagez de recommander qu'elle peut s'occuper de ce type de dossier.

Conseil

Pour répondre à un besoin d'un client, d'un prospect ou d'un contact, il sera parfois judicieux de se référer à d'autres connaisseurs du secteur. Une fois ces personnes rencontrées sur les conseils de ce contact expert, l'objectif sera d'entretenir le lien pour amorcer des prescriptions avec les nouveaux professionnels.

Doser sa recommandation

Avant de recommander un professionnel, mieux vaut le tester progressivement. Différents degrés de recommandation sont envisageables. En effet, s'il ne faut pas forcer la main de son client ou contact pour qu'il appelle un professionnel, il ne faut pas non plus survendre la personne prescrite. À vous de trouver le bon niveau de recommandation et la bonne terminologie selon que :

- vous avez déjà travaillé avec lui ;
- vous l'avez déjà recommandé à des clients ;
- vous l'avez croisé à l'occasion d'un dossier pour lequel vous l'avez jugé particulièrement compétent.

Conseil

Rappelez au besoin à votre client que votre intervention, sur le terrain de la prescription, se limite à lui rendre service.

Recommander une ou plusieurs personnes ?

C'est une question cruciale. Dans certaines situations, il pourra être utile de recommander plusieurs professionnels, tandis que cela se révélera contre-productif dans d'autres.

Recommander une seule personne

Cela se justifie quand le dossier n'est pas trop complexe et/ou que les tarifs ne sont pas négociables.

Recommander plusieurs personnes

Certaines questions méritent alors d'être posées :

- Faut-il préciser au prescrit qu'il n'est pas le seul à avoir été recommandé ? L'idéal est peut-être de ne le lui dire que s'il risque de l'apprendre. S'il s'avère nécessaire de préciser que plusieurs professionnels sont prescrits, mieux vaut éviter de donner le nom de ses concurrents pour éviter, dans certains cas, de déclencher un festival de remarques négatives sur les compétences des uns et des autres.

- Faut-il recommander deux professionnels ou plus ? Recommander deux professionnels est souvent suffisant, sauf si le sujet est extrêmement complexe, l'enjeu financier particulièrement significatif ou si le client le souhaite. Dans certains cas pour lesquels le recours à un grand nombre de professionnels n'est pas nécessaire, il sera peut-être judicieux de raisonner le client. Même s'il est assez fortuné, il n'est pas indispensable qu'il consulte cinq cabinets d'avocats différents pour confier ses déclarations fiscales d'impôt sur le revenu et d'impôt sur la fortune par exemple.

Exemple : expert-comptable, vous avez gagné la confiance d'un dirigeant de PME au fil des années. Celui-ci envisage très sérieusement de céder son activité et souhaite mandater une société de conseil en fusions-acquisitions pour l'aider à vendre au meilleur prix. La question étant particulièrement importante pour lui, consacrez-lui du temps en étudiant les spécificités en termes de modes opératoires ou de références sectorielles des boutiques que vous recommanderez. Prenez le temps d'expliquer au client pourquoi vous avez pensé que ces professionnels seraient les bons et observez ses réactions. C'est une belle occasion de prescription à ne pas rater. Pour un sujet aussi important, n'hésitez pas à proposer à votre client de l'accompagner à ces rendez-vous, ce qui vous permettra d'absorber des informations utiles sur les pratiques des professionnels que vous recommandez et de renforcer votre notoriété auprès d'eux.

- Faut-il prescrire des professionnels très différents en termes de personnalité, d'expérience ou d'honoraires ? Pas nécessairement. Il faut avant tout que les professionnels soient qualifiés pour le dossier à traiter. Dans certains cas, notamment si vous ne connaissez pas le client, il pourra cependant être utile de lui présenter divers profils.

Conseil

Prescrivez dans certains cas le professionnel challenger. Mieux vaut en effet recommander quelqu'un de très bonne volonté plutôt que celui qui croule déjà sous le travail. Il pourra s'agir d'un professionnel qui vient de débuter son activité en tant qu'associé et qui ne demande qu'à faire ses preuves. Cela pourra également être un professionnel aguerri souhaitant investir un marché. L'essentiel sera bien sûr de recommander une personne susceptible de traiter le dossier en offrant un bon rapport qualité-prix.

Faut-il éviter de prescrire certains clients ?

Ne faites pas un cadeau empoisonné à un professionnel que vous recommandez en lui prescrivant des clients trop difficiles à gérer. Par souci d'honnêteté, il est nécessaire de prévenir le prescrit de la difficulté à assister certains clients. Attention à les recommander aux professionnels adaptés.

Le client au caractère « compliqué »

Le client peut avoir un caractère « compliqué » (être très exigeant par exemple), mais présenter un dossier intéressant ou une surface financière considérable. Dans ce cas, les caractéristiques du dossier permettent, aux yeux de certains professionnels chevronnés, d'excuser certains comportements. À eux de juger.

Le client mauvais payeur

Si le prescrit, informé, veut quand même le rencontrer, à lui de voir. Le client peut être mauvais payeur mais payeur tout de même. Certains professionnels sont très demandeurs de mises en relation avec des prospects. Ce type de prescription sera l'occasion de tester leur bonne volonté. S'ils sont suffisamment motivés pour gérer ce type de client, peut-être pourrez-vous les considérer comme des partenaires fidèles.

Le client au dossier impossible

Bien que très sympathique, le client a des requêtes qui vous semblent difficiles à satisfaire, surtout au regard du budget alloué à ces questions. Dans ce cas, mieux vaut lui avouer que vous avez atteint votre seuil de compétence et que vous ne pourrez pas l'aider à trouver de professionnel cette fois-ci.

Fiche 30 SUIVRE LA PRESCRIPTION

Suivre la prescription est riche d'enseignements. Afin de bien faire comprendre votre rôle à la personne prescrite ainsi que votre implication dans le dossier à votre client, il peut s'avérer opportun de prendre régulièrement des nouvelles de l'avancée du dossier.

À moins que vous ne travailliez sur un autre versant du dossier que vous avez transmis, il n'est pas évident que vous ayez un retour spontané du client ou du professionnel recommandé. Peut-être pourriez-vous les solliciter à certains moments clés afin de savoir comment se déroule la mission pour laquelle vous avez procédé à cette mise en relation. Cela vous permettra d'obtenir d'utiles retours d'information sur la réactivité, les compétences ou encore le respect du budget préalablement annoncé par votre correspondant.

De votre côté, si vous avez été recommandé, n'hésitez pas à tenir le prescripteur au courant de l'avancée du dossier. C'est une occasion de rester en contact avec lui et de vous rappeler à son bon souvenir pour être recommandé pour de nouvelles missions.

Classement sans suite

Deux situations peuvent se présenter.

Le client ne s'est pas manifesté

À moins que vous n'ayez une force de persuasion impressionnante, une valeur ajoutée incontestable et surtout une chance monstrueuse, les clients n'appelleront pas toujours les personnes que vous recommanderez.

Dans la mesure où vous les aurez prévenus, certains prescrits pourraient toutefois vous reprocher l'absence de prise de contact du client. Cela serait bien indélicat de leur part. Dans ce cas, faites-leur comprendre courtoisement mais fermement que vous avez tout fait de votre mieux et que vous n'avez pas à vous excuser d'avoir voulu leur être utile. C'est la règle du jeu pour les recommandations : un grand nombre d'entre elles restent sans suite.

La proposition n'a pas été acceptée

Sauf dans l'hypothèse où vous auriez survendu la prescription à votre contact (en lui certifiant par exemple que le client avait pris sa décision et que « oui, c'est vous qu'il va mandater »), le professionnel ne peut rien vous reprocher. S'il est d'accord pour faire cette démarche, essayez de comprendre avec lui pourquoi il n'a pas été retenu. Avec l'expérience, vous vous apercevrez en discutant avec les clients que certaines décisions sont parfois très subjectives.

Conseil

Lorsque votre proposition n'a pas été retenue, essayez de continuer à réseauter avec le prospect.

En cas de difficultés

Un client (pas forcément difficile ou tout du moins pas supposé l'être au départ) pourrait se plaindre des prestations ou du retard pris par la personne prescrite dans l'exécution de la mission. Essayez de comprendre pourquoi la mise en relation n'a pas été couronnée de succès.

Éviter de prendre parti (au moins d'emblée)

Tout en précisant bien que vous n'êtes pas l'arbitre de la rencontre, demandez aux deux parties, puisque vous êtes sollicité, de donner leur point de vue.

Tirer les enseignements de la situation

Ces discussions pourront vous inciter à l'avenir à participer plus activement aux négociations budgétaires lorsque vous recommanderez tel professionnel, ou à donner plusieurs noms, voire à ne plus recommander ce professionnel. Inversement, elles pourront également vous inciter à ne plus recommander ce prospect si celui-ci se montre indélicat.

Fiche 31 RECOMMANDER UN CONCURRENT

Bien encadrée, la recommandation d'un concurrent peut présenter un intérêt. Inconcevable pour certains, elle peut susciter de nombreux débats au sein d'une même structure.

Dans la mesure où vous ne pourriez ou ne voudriez pas prendre en charge son dossier, vous pourriez envisager de recommander un de vos concurrents à un prospect ou à un fidèle client, surtout si celui-ci ne connaît pas d'autres professionnels que vous ou vous sollicite en ce sens.

Cela peut se produire dans différentes situations :

- vous reconnaissez un conflit d'intérêts ;
- le dossier est trop complexe ou ne relève pas de votre champ d'expertise ;
- le dossier n'est pas assez rentable pour vous ;
- vous manquez objectivement de temps pour vous consacrer à ce dossier.

Dans ce cas, essayez de désamorcer la situation.

> *Exemple : vous manquez de temps pour traiter un dossier envoyé vers vous par un prescripteur. Or, celui-ci pourrait vous cataloguer trop rapidement comme un professionnel trop occupé pour s'occuper de nouveaux clients. Ce n'est pas le cas : un pic d'activité saisonnier monopolise temporairement vos équipes par exemple. Communiquez auprès du prescripteur et expliquez-lui la situation.*
>
> *Dans un deuxième temps, avec l'accord du prescripteur, essayez de trouver une solution pour le client. Veillez cependant à vérifier en amont avec le prescripteur que les noms que vous allez transmettre lui conviennent. Celui-ci préférera peut-être recommander le client à un professionnel qu'il connaît ou ne souhaitera pas travailler avec l'un de vos contacts pour diverses raisons (expérience malheureuse...). En tout état de cause, le prescripteur originel appréciera que vous vous préoccupiez de son avis.*

À noter

Il sera parfois envisageable de sous-traiter une partie d'un dossier à un de vos confrères. L'inverse est également vrai : vous pouvez ponctuellement devenir sous-traitant d'un autre indépendant ou d'une grande marque.

Un gain de crédibilité

Après avoir expliqué au prescripteur ou à un prospect que vous ferez tout votre possible pour lui être utile, celui-ci pourra vous poser une question très précise requérant notamment une expertise sectorielle que vous n'avez pas. Voilà l'occasion d'illustrer votre propos en lui recommandant un concurrent particulièrement renommé dans ce domaine. Reconnaître que vous ne pouvez pas traiter un dossier vous crédibilisera auprès de lui. À l'avenir, le client ou le prescripteur vous fera d'autant plus confiance lorsqu'il vous sollicitera sur un sujet que vous prétendrez maîtriser.

Le concurrent complémentaire

Voilà un concurrent qui n'en est pas vraiment un. Celui-ci exerce le même métier que vous mais intervient dans des domaines différents. Cultivez les prescriptions vers ce type de professionnel.

Exemple : consultant en recrutement indépendant spécialisé sur les questions agricoles et agroalimentaires, vous êtes sollicité par l'un de vos gros clients pour recruter un directeur de communication spécialiste des problématiques de crise sanitaire. Or, vous n'avez jamais mené à bien ce type de mission et ne souhaitez pas le faire. Recommandez un chasseur de têtes spécialisé dans les missions de communication et ayant idéalement déjà été mandaté pour des missions dans ce secteur. C'est l'occasion de lui proposer de vous référencer lorsque des clients du secteur agroalimentaire pourront avoir besoin de vos services.

Désamorcer une situation délicate

Votre client a besoin d'une spécialité que votre structure ne propose pas. Vous envisagez de lui présenter un ancien camarade d'université en qui vous avez toute confiance mais craignez qu'avec le temps celui-ci en vienne à lui proposer les mêmes services que vous. Abordez le sujet avec votre contact en lui suggérant un *gentlemen's agreement* : se cantonner aux activités que vous ne proposez pas. Testez-le tout de même au fil de l'eau, avec des petits dossiers, pour minimiser les risques face aux tentations diverses et aux oublis faciles.

De l'autre côté de la barrière

De plus en plus souvent, des passerelles existent entre différents métiers. Il est fréquent qu'un conseil passe à terme du côté du client.

> *Exemple : ce jeune avocat que vous recommandiez quand vous ne pouviez pas traiter un dossier ou que celui-ci n'avait pas une surface suffisante pour vous vient d'être recruté en tant que responsable juridique d'une société. Peut-être se souviendra-t-il de vos recommandations et vous sollicitera-t-il pour l'assister dans de futures missions ?*

PARTIE 5

ACCROÎTRE SA VISIBILITÉ

Soigner sa visibilité est essentiel pour appuyer ses actions de réseautage. Qu'il s'agisse de participer à des associations professionnelles, d'affirmer sa présence sur les réseaux sociaux digitaux ou de communiquer, un tour d'horizon des options qui s'offrent à vous s'impose.

Chapitre

10 Adhérer à un club ou à une association

L'adhésion à un club ou à une association doit mêler plaisir et retombées professionnelles. Réfléchissez bien aux contraintes que vous vous imposez. Vous avez le choix entre plusieurs formules, certaines adhésions pouvant se révéler chronophages.

Fiche 32 TROUVER UNE FORMULE ADAPTÉE

Sélectionnez la formule qui vous ressemble le plus. Si votre emploi du temps le permet, vous pouvez en cumuler quelques-unes. Tout dépend des contraintes imposées par chacun de ces réseaux. Attention toutefois à ne pas vous disperser.

Il n'est plus question *du* réseau mais de rejoindre *un* réseau. Adhérer à des réseaux professionnels plus ou moins formels peut être très enrichissant. Cela permet de multiplier les contacts tout en gardant le loisir de les revoir à des occasions régulières. Il existe de nombreuses formules qui ne seront pas toutes décrites ici.

Les principales sont :

- le club informel. Il est possible d'adhérer ou de créer un petit espace de réunion informel entre professionnels de bonne compagnie ne prenant pas forcément la forme d'une association loi 1901 ;
- l'adhésion à un réseau plus formel. Les finalités sont multiples. Il peut aussi bien s'agir d'un club prestigieux où l'objectif de développement d'un courant d'affaires peut paraître plus lointain que d'un réseau d'affaires affichant son seul intérêt pour ces questions ;
- l'association professionnelle ou interprofessionnelle. Sauf à s'intéresser aux associations professionnelles sectorielles, ce type d'association a davantage vocation à permettre à des confrères d'échanger que d'alimenter un courant d'affaires ;
- le réseau d'anciens. Plus ou moins formel, il offre beaucoup d'opportunités avec un excellent rapport qualité-prix.

Multiplier les liens...

Quelle que soit la formule choisie, vous pourrez :

- augmenter le nombre de vos contacts. Vous pourrez également approfondir les liens avec les personnes que vous y aurez rencontrées ;
- échanger des informations. Le fait de se connaître permet d'échanger des données utiles avec une grande facilité ;

- gagner en visibilité. En vous voyant plus fréquemment, vos contacts penseront plus facilement à vous, notamment lorsqu'ils identifieront un besoin pour lequel vous pourrez les assister ;
- bénéficier d'un certain *lobbying d'affaires*. Appartenir à un même réseau et se rencontrer en dehors de ce cercle pourra détendre l'atmosphère lorsque vous vous croiserez à l'occasion de dossiers.

... SANS NÉGLIGER LES CONTRAINTES

Prenez en compte les caractéristiques et contraintes des différentes options. Cette adhésion pourra vous engager en termes :

- De coût. Y a-t-il une cotisation et un droit d'entrée ? La participation à certains événements est-elle payante ?
- De temps passé. À quelle fréquence les réunions ont-elles lieu ? Sont-elles obligatoires ? Le temps consacré à cette association représente également un coût, peut-être encore plus visible pour les professions qui sont rémunérées au temps passé sur les dossiers.

Conseil

Peut-être vous proposera-t-on de tenir un rôle, plus ou moins chronophage, au sein de ce réseau (trésorier, secrétaire général, etc.). Si cela vous tente, ne négligez pas ce type de tâche qui peut vous faire bénéficier d'une visibilité appréciable, par exemple si vous êtes chargé de la tenue des listes et de l'envoi des invitations aux prochains événements.

- D'image. Certains clubs peuvent avoir, à tort ou à raison, une image quelque peu poussiéreuse ou une connotation politique que vous ne souhaitez pas afficher. Comptez sur certains de vos contacts qui ne vous connaissent pas pour emprunter des raccourcis.
- D'exclusivité. Si vous adhérez à certains clubs, il sera parfois malvenu, voire interdit, de rejoindre parallèlement d'autres structures.

À noter

Il est parfois possible de « picorer » en vous contentant d'assister aux événements organisés par des associations (voir la fiche 45 - Assister aux événements).

Fiche 33 CRÉER SON CLUB INFORMEL

Les réunions informelles périodiques sont l'occasion d'échanger de manière décontractée. Créer ou cofonder son club informel constitue un excellent levier de notoriété et de développement d'un courant d'affaires.

Organiser des réunions informelles périodiques avec ses partenaires ou ses clients peut être enrichissant. Il est ici question de cercles dans lesquels différents professionnels ayant plaisir à échanger ensemble se côtoient. Ces réunions peuvent par exemple prendre la forme de dîners, apéritifs, *afterworks*, etc., organisés à intervalles réguliers (voir l'encadré p. 132). Si vous ne souhaitez pas ou ne vous sentez pas suffisamment légitime pour cela, proposez éventuellement à d'autres professionnels complémentaires de cofonder un club avec vous.

Réfléchir aux finalités

Il vous faut tout d'abord réfléchir aux objectifs, plus ou moins clairement affichés, de ce club.

Échanger autour de son secteur d'activité et sur son actualité

Exemple : il peut s'agir d'un dîner réunissant les acteurs des systèmes d'information au sens large.

Mettre à l'honneur une problématique particulière

Exemple : un département d'un cabinet de conseil en stratégie invite des directeurs du business development, *des directeurs de la stratégie ou encore des dirigeants à échanger sur une problématique d'actualité en commentant les résultats d'une étude (baromètre...) effectuée par ce cabinet.*

Inviter des orateurs

Inviter un orateur à évoquer son parcours ou une thématique qu'il connaît bien peut dynamiser la rencontre.

Le piège à éviter

Il n'est pas ici question de vanter les mérites de votre société de conseil mais bien d'échanger avec les convives et de permettre à différentes personnes de votre réseau de se connaître. Soyez patient : indirectement, ce club sera l'occasion de promouvoir votre marque.

Quel public ?

Réfléchissez à la composition de vos listes d'invités. Plusieurs formules sont envisageables.

Mixer clients et prescripteurs

Cela peut permettre de favoriser les rencontres et de permettre à chacun d'échanger comme bon lui semble hors de toute mise en relation.

> *Exemple : une société de conseil en ressources humaines peut inviter des directeurs des ressources humaines, des chasseurs de têtes, des* coachs, *des conseils en* outplacement *avec qui elle a l'habitude de travailler à échanger tous ensemble sur leurs métiers.*

Seulement des clients

Prenez garde à ce que ceux-ci ne soient pas trop frontalement concurrents entre eux.

Le piège à éviter

Convier des personnes de votre société est envisageable. Il ne faut cependant pas que vos collègues soient plus nombreux que les invités ni que les membres de votre équipe commettent l'erreur de tenter de vendre les prestations de votre structure.

Seulement des prescripteurs

Il peut être intéressant d'inviter des professionnels potentiellement prescripteurs entre eux à échanger.

Quelle liberté pour chacun ?

Cet événement doit être à l'image des principes mêmes du réseautage.

- Laissez le choix aux invités de faire des affaires entre eux s'ils le souhaitent. Ne demandez pas à être informé de tout. Ne soyez pas tenté de prélever une « dîme relationnelle » parce que vous organisez l'événement.
- Réfléchissez également à la possibilité d'ouvrir ou non cet événement à des amis des invités. Si vous le permettez, demandez à être informé à l'avance afin que vous puissiez signaler un éventuel problème. Certains invités, sans penser à mal, pourraient à leur tour inviter des professionnels du conseil directement concurrents de votre activité. Difficile à supporter, surtout si vous prenez à votre charge tous les frais liés à ce petit événement.

Conseil

Si vous êtes convié, soyez aussi assidu que possible. Répondez et remerciez celui qui organise. De même, si vous annulez très tardivement, demandez si vous devez tout de même payer votre part de l'addition.

En pratique

Plusieurs questions pratiques méritent d'être soulevées :

- le bon nombre. Essayez d'évaluer le bon nombre de personnes à inviter. Distinguez le nombre de personnes invitées à l'origine, celles qui ont confirmé leur présence et celles qui vont finalement venir. Lors des premières réunions, vous risquez d'avoir des surprises ;
- la bonne périodicité. Un événement tous les trimestres par exemple peut constituer un bon début ;
- la participation aux frais. Vous pouvez demander à chacun de payer ou prendre en charge la totalité du repas. Privilégiez cette dernière solution si l'événement est officiellement organisé sous l'égide de votre entreprise.

Fiche 34 REJOINDRE UN RÉSEAU FORMEL

Les clubs et associations encadrés ont leurs spécificités. Choisissez la formule dans laquelle vous pensez être à l'aise.

Qu'il s'agisse d'une adhésion à un club réputé prestigieux ou à un réseau d'affaires, celle-ci vous engage d'une certaine manière. S'il est possible d'opter pour plusieurs formules, évitez de passer pour le « cumulard » du réseautage.

La tentation du club prestigieux

Ces clubs permettent de se retrouver entre gens de bonne compagnie, souvent autour d'une passion commune ou d'un certain savoir-vivre.

Différentes questions se posent :

- Quelle est la finalité du club ? Elle peut être sportive (pratique du golf), épicurienne (arts de la table), ou encore favoriser la réflexion grâce à l'organisation d'ateliers ou de conférences. Parfois, aucune finalité n'est affichée, si ce n'est de permettre aux membres de se retrouver entre eux.
- Peut-on y parler affaires ? Il faut généralement éviter de parler affaires directement. C'est de mauvais goût. Pour autant, créer des affinités avec des membres professionnellement intéressants peut porter ses fruits et permettre de bénéficier d'un certain lobbying d'affaires. Le meilleur moyen de créer ces affinités est de rejoindre certains groupes justement organisés autour de passions et d'intérêts communs. Partez plutôt du principe que si cela doit se faire, cela se fera.
- Quel est le style des membres ? Chaque club a son style et ses codes. Si l'atmosphère ne vous convient pas, ne vous forcez pas, vous risqueriez de ne pas vous sentir à votre place.
- Quelles sont les conditions d'entrée ? Un droit d'entrée doit parfois être versé en plus d'une cotisation. Un parrainage (parfois même un double parrainage) est souvent nécessaire.

- Avez-vous suffisamment de temps pour que cela soit rentable ? Ne vous contentez pas de figurer sur l'annuaire. Il est au contraire indispensable de faire vivre son adhésion.

À noter

Si vous en avez l'opportunité, il peut être utile de devenir partenaire d'un club prestigieux d'entrepreneurs. Même si les membres y évoquent leurs affaires, ne cherchez pas à vendre vos prestations avec trop d'insistance. Contentez-vous d'exister.

Le but affiché du réseau d'affaires

Le réseau d'affaires procède d'une logique radicalement opposée. Il s'agit d'un groupe de recommandations de professionnels décidés à faire des affaires entre eux.

Là encore, étudiez leurs caractéristiques :

- Quel panel de professionnels ? Demandez-vous combien de professionnels de votre corps de métier sont présents à chaque réunion de votre réseau d'affaires.
- Quel secteur géographique ? Certains réseaux ne s'intéressent par exemple qu'aux membres d'une région.
- Quelle assiduité ? Certains réseaux demandent à leurs membres d'être présents à chaque réunion tandis que d'autres sont moins regardants.

Se faire connaître dans une chambre de commerce

Réseauter au sein d'une chambre de commerce peut permettre de rencontrer des clients potentiels.

Si vous disposez d'une spécificité internationale, il pourra être opportun de la faire valoir au sein de la représentation de la chambre de commerce du pays que vous connaissez bien. Vous figurerez notamment sur la liste des conseils pouvant être contactés par des ressortissants de ce pays.

Pour aller plus loin

Marie-Claire Capobianco et Martine Liautaud, *Entreprendre au féminin – Mode d'emploi*, Eyrolles, 2014.

Emmanuelle Gagliardi et Carole Michelon, *Réseaux au féminin – Guide pratique pour booster sa carrière*, Eyrolles, 2013.

Alain Marty, *Le Guide du networking – Les clubs influents en France*, Editions du Rocher, 2011.

Laurent Renard, *Le Guide des clubs, cercles et réseaux d'influence*, Village Mondial, 2007.

http://www.placedesreseaux.com/reseaux-affaires.htm

Fiche 35 INTÉGRER UN RÉSEAU D'ANCIENS

À mi-chemin entre le réseau formel et l'association professionnelle se trouvent les associations d'anciens élèves et d'anciens collègues. Elles présentent certainement l'un des meilleurs rapports qualité-prix pour réseauter.

Les réseaux d'anciens (ou réseaux d'*alumni*) concernent les anciens camarades d'école (souvent d'écoles de commerce ou d'ingénieurs) ou les anciens collègues. Leurs cotisations sont en général modiques, parfois inexistantes.

Que vous soyez l'employeur (voir l'encadré p. 138), l'ancien élève ou le collaborateur, ces réseaux peuvent présenter un véritable intérêt en termes de développement d'affaires.

Ils sont particulièrement intéressants lorsque les élèves sont susceptibles d'emprunter des voies très différentes. Vous aurez alors plus de chances d'y croiser des prescripteurs et des clients que si vous fréquentez des associations d'anciens élèves très corporatistes.

Conseil

N'hésitez pas à sonder des personnes expérimentées de votre réseau d'*alumni* pour décrypter ce qui se fait et ce qui ne se fait pas au sein de ce réseau d'anciens. Cela peut par exemple concerner le recours au tutoiement ou la manière de solliciter un conseil.

La même école

Que vous soyez de la même promotion ou non, le fait d'avoir fait les mêmes études peut créer des liens, surtout si l'école a tendance à véhiculer un esprit de corps et des valeurs communes.

Chaque promotion compte généralement un grand nombre d'élèves. Vous ne connaîtrez pas nécessairement tout le monde et vous pourrez avoir perdu de vue ceux que vous aurez connus. L'appartenance à un réseau d'anciens peut faciliter le rendez-vous, mais tout ne sera pas gagné. Il faudra susciter l'intérêt.

En clair :

- cela n'est pas un passe-droit. Contacter des gens très haut placés peut ne rien donner dans la mesure où ils sont très sollicités ;
- cela offre des opportunités d'échange. Les réunions d'anciens permettent de rencontrer et de revoir des anciens élèves. Il en existe de nombreux types, allant du club thématique au petit déjeuner mensuel. C'est l'occasion d'échanger des cartes de visite.

Conseil

Privilégiez les événements ou les groupes de travail qui comptent un nombre idéal de personnes (ni trop peu pour pouvoir renouveler votre carnet d'adresses, ni trop pour ne pas être perdu dans la foule) afin d'échanger tranquillement.

Les anciens collègues

Réseauter avec des anciens collègues est tout aussi important. Certaines entreprises du conseil ont développé un esprit de corps très fort. Il faudra parfois glisser à un moment opportun de la conversation avec vos clients potentiels que vous avez appartenu à la même grande structure. En préparant vos rendez-vous grâce aux réseaux sociaux digitaux, il vous sera souvent possible d'apprendre quels clients sont passés par les mêmes entreprises que vous.

À noter

Dans la mesure où ils vous permettent de faire des recherches ciblées, les réseaux sociaux digitaux ont révolutionné le phénomène *alumni* (voir le chapitre 11 – Maîtriser les réseaux sociaux digitaux). Ils permettent en quelque sorte d'utiliser ce système sans adhérer à une association dédiée.

Garder le contact avec ses collaborateurs et stagiaires

L'employeur ne doit pas se contenter d'un site internet ou d'une page sur les réseaux sociaux digitaux. Ce n'est pas parce qu'il y a un cadre d'*alumni* défini que tout est fait. Il faut animer sa communauté d'anciens. Pour cela vous pouvez :

- réunir vos anciens au gré de réunions périodiques ;
- faire vivre le lien sans prétextes avec les anciens collaborateurs et stagiaires avec qui vous avez particulièrement apprécié travailler.

Fiche 36 ADHÉRER À UNE ASSOCIATION PROFESSIONNELLE

Obligatoire pour certaines professions réglementées, l'adhésion à une association professionnelle peut être utile. Mieux vaut cependant privilégier une association interprofessionnelle pour développer un courant d'affaires.

Il faut différencier les associations professionnelles organisées par métiers de celles qui sont organisées par secteurs d'activité. Ces dernières sont plus propices au développement d'un courant d'affaires.

Les associations professionnelles

Bien que leur but premier ne soit pas de générer un courant d'affaires, un grand nombre de professionnels aiment réseauter au sein d'associations professionnelles.

Elles permettent de :

- contribuer au lobbying (la défense des intérêts catégoriels) effectué par leur profession ;
- se crédibiliser auprès de leurs clients et prospects. En effet, occuper une fonction opérationnelle dans cette association, faire partie d'une commission ou du conseil d'administration pourra impressionner certains clients ;
- se retrouver entre confrères. Lorsqu'elles concernent une seule profession, elles sont avant tout un lieu d'échange d'expériences. À moins de favoriser de rares prescriptions entre concurrents pour des raisons de compétence ou de conflit d'intérêts (voir la fiche 31 – Recommander un concurrent), elles ne contribuent que très marginalement à développer son courant d'affaires ;
- se former pour échanger des bonnes pratiques, des informations ;
- se replacer. Elles ont également le mérite d'offrir une visibilité pour changer de structure ou pour chercher une association ou un fonds de commerce à racheter.

Conseil

Adhérer à une association professionnelle internationale peut vous permettre de rencontrer des correspondants étrangers potentiellement prescripteurs.

Il peut être judicieux d'adhérer ou d'assister aux réunions qui concernent une association différente de la vôtre en tant que membre invité. Un professionnel peut, par exemple, être admis comme membre partenaire d'une association de journalistes du secteur qu'il connaît bien. Il se constituera ainsi un fabuleux réseau, utile pour exploiter ces pistes de notoriété (voir la fiche 42 – Soigner ses relations presse).

Le piège à éviter

Lors de ces réunions, veillez à ne pas être trop insistant auprès de prospects potentiels, par exemple en prenant la parole de manière pédante au milieu de clients sur des questions techniques (« Et je vous pose ma question en qualité de conseil spécialisé... »).

Les associations interprofessionnelles

Lorsque l'association est interprofessionnelle (par exemple, un regroupement de conseils en haut de bilan), le développement d'un courant d'affaires sera plus aisé. Cela permet :

- d'espérer des recommandations de professionnels complémentaires ;
- de voir ses clients. À cet égard, la participation à des réunions ou des déjeuners permet davantage de côtoyer des clients, de se rappeler à leur bon souvenir que d'en séduire de nouveaux, au milieu de nombreux confrères. Ne négligez pas cet aspect : réseauter avec ses clients est aussi important que de conquérir de nouveaux prospects.

Chapitre

11 Maîtriser les réseaux sociaux digitaux

Si certains refusent farouchement d'y apparaître, les réseaux sociaux digitaux font pourtant partie intégrante des stratégies de réseautage actuelles. S'ils sont surtout connus pour leur utilité en termes de recrutement, ils peuvent indirectement contribuer au développement d'un courant d'affaires. À vous de piocher dans leurs multiples fonctionnalités celles qui vous intéressent.

Fiche 37 COMPRENDRE LES RÉSEAUX SOCIAUX DIGITAUX

Les réseaux sociaux digitaux permettent de gagner en visibilité auprès de ses contacts et d'interagir avec eux en ligne. Pour les professionnels du conseil, ils servent davantage à assurer une présence sur Internet qu'à développer directement un courant d'affaires. Focus sur leurs fonctionnalités basiques.

Avertissement : pour bien appréhender le fonctionnement des réseaux sociaux digitaux, il faut y passer un peu de temps. Si vous ne l'avez jamais fait, créez-vous un profil, au moins temporairement, pour voir comment ils fonctionnent. Faute de quoi les lignes qui suivent pourraient vous paraître quelque peu ésotériques.

Les réseaux sociaux digitaux sont des plates-formes virtuelles permettant à des contacts, connectés entre eux ou non, d'être visibles, d'échanger des informations ou du contenu. Puisqu'ils permettent la plupart du temps de partager des informations, ils peuvent également être considérés comme des médias sociaux.

On trouve aujourd'hui un grand nombre de réseaux sociaux grand public, parmi lesquels Facebook, Google +, Twitter (voir la fiche 44 – Tenir un blog), etc. Certains sont dédiés à la vie professionnelle, comme LinkedIn ou Viadeo, les plus connus en France. Chaque réseau a ses spécificités (zones géographiques plus ou moins restreintes, langues principalement utilisées, etc.). À vous de choisir celui ou ceux qui vous semblent les plus utiles.

Dans la mesure où la plupart des professionnels y voient une occasion de mettre leur *curriculum vitae* en ligne, les réseaux sociaux professionnels sont surtout connus pour faciliter un changement de poste ou un recrutement. Peuvent-ils permettre aux professionnels du conseil de gagner des clients ? Oui, s'ils sont correctement utilisés.

Les réseaux sociaux digitaux sont particulièrement utiles pour :

- être bien référencé sur des moteurs de recherche : sauf exception, même des visiteurs qui ne seront pas connectés avec vous pourront accéder à votre profil ;
- présenter son parcours en un coup d'œil ;

Exemple : jeune avocat, vous venez de créer votre cabinet et n'avez pas encore eu le temps de concevoir votre site internet. Un profil bien détaillé sur un réseau social digital professionnel permettra tout de même aux clients de se rendre compte que vous n'êtes pas inconnu au bataillon.

- garder ou reprendre contact avec des membres de votre réseau. Cela comprend les personnes que vous connaissez peu, celles que vous n'avez plus l'occasion de fréquenter en ce moment ou celles dont vous avez perdu la trace ;
- recueillir de l'information. Celle-ci peut avoir trait aux professionnels ou aux structures elles-mêmes.

De multiples fonctionnalités

Très schématiquement, les réseaux sociaux digitaux permettent généralement de :

- voir quelles connexions sont communes avec des personnes présentes sur ce réseau social et éventuellement les mettre en relation ;
- effectuer des recherches avec des degrés de précision variables ;
- envoyer des messages (dans certains cas uniquement aux gens avec qui vous êtes connecté) ;
- échanger à travers des groupes ;
- créer des pages ;
- suivre des structures ou des personnes ;
- partager des nouvelles avec ses contacts ;
- bénéficier d'un système de recommandations.

À noter

Il est possible de se désinscrire des réseaux sociaux digitaux et de supprimer des contacts.

Les critères de choix

Le public visé

Les réseaux sociaux peuvent aussi être thématiques en plus de s'adresser aux professionnels d'une zone géographique donnée.

> *Exemple : H24 Finance est un réseau social français dédié aux professionnels de la finance. Il permet par exemple à des professionnels de la gestion privée (conseillers en gestion de patrimoine indépendants, banquiers, gestionnaires d'actifs, avocats, notaires, etc.) d'être visibles, de se connecter entre eux et d'échanger des informations.*

Le tarif

La plupart des réseaux sociaux professionnels sont gratuits dans leur version de base. Ils proposent également des options payantes. Deux cas de figure doivent être distingués :

- soit la version de base n'est pas très développée, rendant l'abonnement quasiment indispensable, il n'est alors pas très onéreux. C'est le cas de Viadeo ;
- soit la version de base est suffisante pour la plupart des professionnels. La version payante permettra d'accéder à des fonctions plus poussées (en termes de critères de recherche notamment) ou à des fonctions inexistantes sur la version de base. Elle sera alors plus chère. C'est le cas de LinkedIn. Un abonnement sur LinkedIn permet par exemple d'envoyer des messages à des membres du réseau social auprès de qui le demandeur n'est pas connecté.

L'ergonomie

Très utilisés, les réseaux sociaux digitaux sont généralement très ergonomiques. Certains réseaux très spécialisés peuvent l'être un peu moins.

La recherche de discrétion

Ne négligez pas ce critère : il est essentiel en termes de réseautage. Il convient par exemple de savoir si vous pouvez consulter un profil sans que le membre en question soit au courant de cette visite. Cela n'est pas possible sur tous les réseaux sociaux digitaux.

Dans la plupart des cas, les réseaux sociaux digitaux permettent de voir quelles sont les connexions partagées de deux membres. Cela peut poser problème (voir la fiche 41 – Limiter les risques).

Un ou plusieurs réseaux sociaux digitaux ?

La plupart des professionnels sont présents sur les réseaux sociaux privés et professionnels. Si vous êtes présent sur un ou plusieurs réseaux et ne souhaitez pas que tout le monde puisse consulter les informations qui vous concernent, prenez d'abord le temps de régler finement les paramètres de confidentialité.

Il peut par ailleurs être judicieux d'être présent sur deux réseaux professionnels, par exemple LinkedIn et Viadeo, car :

- vos nouveaux contacts peuvent être présents sur l'un des deux seulement ;
- une personne avec qui vous souhaitez entrer en contact par l'intermédiaire de quelqu'un peut être connectée avec une de vos relations sur un seul de ces deux réseaux sociaux digitaux.

Pour aller plus loin

Christine Balagué et David Fayon, *Réseaux sociaux et entreprise : les bonnes pratiques*, Pearson, 2011.

Erwan Le Nagard, *Twitter*, Pearson, 2012.

Jean-François Ruiz, *Réussir avec les réseaux sociaux*, Express Roularta, « Les Guides Réussite L'Entreprise », 2011.

Jan Vermeiren et Bert Verdonck, *LinkedIn : comment optimiser la puissance de votre réseau*, MA Éditions, 2011 (2e ed.).

Fiche 38 GAGNER EN VISIBILITÉ

Les réseaux sociaux digitaux permettent de travailler votre visibilité en ligne, tant auprès des personnes qui vous connaissent qu'auprès de celles qui ne vous connaissent pas. À vous de la développer avec tous les outils dont vous disposez et d'élaborer votre propre politique.

Se rendre visible pour que les gens pensent à vous est au cœur de l'action réseau. Les réseaux sociaux digitaux sont idéals pour cela. Ils semblent donc davantage assimilables à des outils de développement de visibilité qu'à des outils de développement d'un courant d'affaires par vente directe.

Au-delà d'un référencement amélioré sur les moteurs de recherche, de multiples fonctionnalités (groupes, pages, statuts, partage de nouvelles, etc.) permettent aux marathoniens des réseaux sociaux de jouer sur la récurrence pour améliorer leur visibilité auprès de leurs contacts.

À noter

La plupart des clients des professionnels du conseil visitent le site internet d'un prestataire pour apprécier la teneur d'une recommandation ou pour compléter des informations. À de rares exceptions près, par exemple si vous intervenez sur un micromarché, vous aurez peu de chances d'être trouvé grâce à votre site internet. Celui-ci correspond davantage à une vitrine dont les clients savent déjà où elle se trouve.

ÉVITER LA COURSE AUX CONTACTS

Auprès de qui serez-vous visible ? Votre réseau virtuel est composé de contacts susceptibles de vous solliciter. À en croire de nombreux professionnels, il est nécessaire d'être connecté à un grand nombre de contacts. Inversement, disposer d'un nombre de contacts restreint serait presque honteux. Ce n'est pas un bon calcul : mieux vaut se cantonner à des contacts de qualité.

Qui inviter à rejoindre son réseau ?

Évitez d'adresser des demandes de connexion à des personnes que vous ne connaissez pas. N'oubliez pas que ces réseaux sociaux permettent généralement de visualiser les connexions partagées avec chaque contact. Fatalement, si une demande de mise en relation avec cet illustre inconnu vous est adressée par l'un de vos contacts, vous ne serez pas en mesure de la faire aboutir, ce qui vous décrédibilisera. La personne sollicitant cette mise en relation retiendra que votre réseau virtuel n'a rien à voir avec votre réseau réel.

Conseil

Ajoutez chaque nouvelle personne rencontrée sur un réseau social digital. Sachez cependant que pour éviter d'être sursollicitées, voire harcelées, les personnes les plus importantes sur les organigrammes sont rarement inscrites sur les réseaux sociaux.

Qui accepter sur les réseaux sociaux ?

Mieux vaut éviter d'accepter toutes les demandes d'entrée en contact sur les réseaux sociaux digitaux. Contentez-vous d'accepter uniquement les personnes que vous connaissez ou au moins celles avec lesquelles vous avez eu un contact. Élaborez votre propre politique de refus. Proposez par exemple à des personnes que vous ne connaissez pas, mais avec qui il pourrait être intéressant d'échanger, de vous rencontrer ou encore de vous présenter mutuellement brièvement au téléphone. Vous pourrez ainsi faire connaissance un minimum. Pas de réponse ? Tant mieux. Vous avez réussi à décourager un importun collectionneur de contacts.

Interagir avec son réseau

Les groupes

Il existe une multitude de groupes différents. Ceux-ci peuvent être utiles pour rechercher de l'information (voir la fiche 40 – Rechercher des informations). Il est possible de les rejoindre et d'y interagir, voire de créer son propre groupe. Certains y voient une opportunité de développement d'un courant d'affaires en y faisant des démonstrations de leur expertise au gré de réponses aux questions des membres du groupe, en donnant des nouvelles de votre structure ou en publiant des informations. Faites-vous votre propre opinion en papillonnant d'un groupe à l'autre. Sachez enfin que certains réseaux sociaux limitent le nombre de groupes auxquels il est possible d'adhérer (50 par exemple sur LinkedIn).

La page de son entreprise

Créer et faire vivre la page de sa société permet de disposer d'une vitrine sur les réseaux sociaux et de faire vivre un réseau d'*alumni* (voir la fiche 35 – Intégrer un réseau d'anciens).

La rédaction de statuts

Le statut permet de diffuser des nouvelles et de partager des contenus avec ses contacts.

Fiche 39 CALIBRER SON PROFIL

En faisant ressortir des informations choisies, le profil doit être lisible. Il doit surtout être à jour et donner envie au visiteur de vous contacter. Marketez-vous bien.

La manière de détailler son profil en dit long sur l'utilisation que fait le professionnel des réseaux sociaux digitaux. Construisez un profil en accord avec votre image et celle de l'entreprise pour laquelle vous travaillez (voir l'encadré p. 151).

Conseil

Pour améliorer l'efficacité des recherches, soyez attentif aux mots que vous utilisez et à leur place (sur ces questions, vous pouvez vous référer au livre auquel a contribué Cyril Bladier, expert des réseaux sociaux : *Le Marketing de soi*, Eyrolles, 2014, p. 108).

Un bon profil ? Un profil à jour !

Lorsque quelqu'un consulte un profil sur un réseau social digital, il s'attend à accéder à des informations à jour. Votre profil doit avant tout expliquer clairement ce que vous faites. À vous de réfléchir au degré de précision que vous souhaitez lui apporter.

Votre profil n'est pas qu'un résumé de vos expériences. C'est aussi l'occasion de faire comprendre aux visiteurs ce qu'est votre valeur ajoutée, que ceux-ci fassent partie de vos contacts ou non.

Plus un profil est complet, plus il ressort dans les résultats de recherche. Les photos permettent de se souvenir plus facilement de ses contacts, même lointains, ce qui est particulièrement intéressant pour les gens que vous croisez rarement, comme les contacts internationaux.

Le piège à éviter

Présenter des profils donnant des informations différentes, notamment en termes de mise à jour, sur deux réseaux sociaux distincts, voire sur le même réseau social.

Doser les recommandations

Deux types de recommandations existent : les recommandations rédigées et les recommandations qui témoignent de la connaissance qu'a un professionnel de certaines thématiques données.

Les recommandations écrites

Toute recommandation écrite doit être acceptée par son bénéficiaire. Privilégiez les recommandations qui ont de la valeur, par exemple celle de l'un de vos anciens supérieurs ou de quelqu'un qui fait référence sur le marché.

> *Exemple : un associé d'une société de conseil en restructuration, ayant travaillé pour l'administrateur judiciaire le plus connu de la place pendant plusieurs années, aura beaucoup à gagner à être recommandé par son ancien patron.*

Les profils qui ont le plus de recommandations ne sont pas nécessairement ceux des personnes les plus compétentes. Ils correspondent parfois juste à celles qui sont les plus sympathiques ou qui ont ouvertement sollicité des recommandations auprès de leurs connexions.

Le piège à éviter

Les recommandations mutuelles abusives entre collègues ou entre camarades d'université, trop visibles et trop symptomatiques du « copinage ».

Les recommandations de compétences

Ce système existe sur le réseau social LinkedIn par exemple. Ces recommandations permettent d'indiquer sur quel type de secteur, de mission ou d'activité l'utilisateur revendique un savoir-faire. Chaque personne connectée à l'utilisateur peut attester de son expertise en cliquant sur la compétence en question : elle l'accrédite en quelque sorte. Lorsqu'elles sont attribuées en grand nombre, ces attestations de compétences renforcent la crédibilité de l'utilisateur.

Sur quelles compétences se focaliser ? Emportés par leur enthousiasme pour votre travail, certains contacts peuvent vous recommander spontanément sur un savoir-faire que vous n'avez pas. Il semble plus prudent de vous borner à accepter des accréditations de compétences que vous-même en tant que personne possédez vraiment, même si d'autres personnes de votre société les ont réellement. Votre page est personnelle, ce n'est pas celle de votre entreprise.

Exemple : consultant indépendant en systèmes d'information, un client recommande votre expertise en programmation alors que votre profil mentionne que vous ne vous occupez que de migration logicielle. Si vous n'avez pas mentionné vous-même cette compétence, vous aurez la possibilité de refuser cette accréditation. Cela semble plus sage.

Faire concorder les différentes sources d'information

Le profil de votre réseau social digital doit être en harmonie avec l'esprit de la structure que vous avez créée ou qui vous emploie.

Aussi les informations données sur la page de chaque salarié doivent-elles être cohérentes :

- entre elles (nombre de collaborateurs, expertises proposées, etc.) ;
- avec la page de l'entreprise sur le réseau social ;
- avec son site internet.

Mettre en relation

LinkedIn et Viadeo permettent par exemple d'envoyer un message présentant le profil d'une personne à qui vous êtes connecté à un autre de vos contacts de ce réseau social. Vous pouvez personnaliser le message d'accompagnement en proposant par exemple au destinataire du message de le mettre en relation avec cette personne s'il le souhaite. Rappelez-vous toutefois que les mises en relation de personnes doivent s'entourer de précautions (voir la fiche 21 – Effectuer une mise en relation).

Pour aller plus loin

Sylvie Protassief (dir.), *Le Marketing de soi*, Eyrolles, 2014.

Fiche 40 RECHERCHER DES INFORMATIONS

Les réseaux sociaux sont incontournables en termes de recherche d'informations. Ils permettent de préparer des rendez-vous ou d'effectuer une veille.

Les réseaux sociaux digitaux sont très utiles pour se tenir informé de la vie des sociétés ou de vos connexions. Aussi revêtent-ils une grande utilité pour les professions du conseil. Quand vous ne recherchez pas une structure ou une personne précise, utiliser les filtres de recherche peut être utile.

L'actualité de la personne

Les réseaux sociaux s'intéressent aux individus. Ils vous seront utiles à différents titres.

Retrouver la trace de personnes

Comme nous l'avons vu dans la première partie (voir la fiche 7 – Auditer son réseau), il est nécessaire d'agir méthodiquement pour reconstituer son carnet d'adresses. Les réseaux sociaux digitaux ont révolutionné ce type de recherche.

Suivre les mouvements

Connaître les mouvements professionnels des personnes figurant dans son réseau (un avocat ami devient directeur juridique, un responsable technique d'une société de courtage prend de l'envergure, un directeur de *business unit* change de poste, etc.) est fondamental.

Un professionnel que vous connaissez ne vous avertira pas nécessairement de son évolution professionnelle. À condition que votre contact mette à jour son profil, le réseau social digital qui vous connecte à lui vous donnera une chance supplémentaire d'en être informé.

Si les circonstances s'y prêtent, félicitez votre contact pour sa prise de fonctions à l'aide d'un petit message. Même si cela ne donne rien dans l'immédiat, par exemple parce que la personne qui évolue n'est pas encore décisionnaire ou qu'elle est fidèle à d'autres prestataires, les choses pourront évoluer par la suite. Autant poser des jalons en vous rappelant à son bon souvenir. Le réseautage revient à jeter régulièrement des bouteilles à la mer.

À noter

Des services payants, comme Nomination en France par exemple, permettent d'être informé des mouvements des professionnels et d'accéder à des bases de données reconstituant des parcours ainsi que des organigrammes d'entreprises. Contrairement aux réseaux sociaux digitaux, ils ne permettent pas de se connecter à ces personnes mais simplement de disposer d'informations sur elles.

Connaître le passé des contacts de votre cercle professionnel

Cela permet de présumer quels sujets aborder ou au contraire éviter. Il s'agira d'un faisceau d'indices utiles pour préparer un rendez-vous.

Savoir à qui est connectée la personne

Il est généralement possible de voir quelles sont les relations que vous partagez avec les personnes inscrites sur un réseau social digital.

À noter

Les personnes disposant d'un grand nombre de contacts ont intérêt à se servir d'étiquettes (ou *tags*). Celles-ci peuvent faire gagner un temps précieux lorsqu'on a besoin de faire des recherches dans son carnet d'adresses en fonction des secteurs d'activité par exemple.

S'INFORMER SUR LES ENTREPRISES

Plusieurs solutions sont envisageables :

- le suivi d'entreprises : vous pouvez connaître les dernières nouvelles des entreprises que vous avez choisi de suivre ;
- reconstituer des organigrammes et connaître les fonctions de chacun : vous pouvez taper des combinaisons de mots-clés, faire des recherches plus ou moins filtrées sur les réseaux sociaux digitaux.

Exemple : consultant, vous essayez de débusquer le directeur de la stratégie d'un groupe à l'aide de mots-clés. Si aucun directeur de stratégie n'existe dans l'entreprise, il vous est possible de visiter les profils de contacts qui pourraient éventuellement être chargés de ces questions. De plus en plus souvent, les professionnels détaillent leur champ de compétence dans leur profil.

Rechercher des informations sectorielles ou techniques

Les groupes peuvent éventuellement permettre de confronter un point de vue ou de rechercher des informations sectorielles ou techniques. Ils sont très variés et il est possible de trouver des informations de type et de qualité très différents en les visitant. Interagissez avec les membres du groupe en posant une question, en leur envoyant un message ou en lisant leurs contributions. Sélectionnez vos groupes en fonction de vos besoins : recherche d'informations techniques, veille concurrentielle, etc.

Suivre les groupes peut être chronophage. Vous pouvez :

- sélectionner quelques groupes ;
- réguler le flux pour ne pas être envahi d'informations inutiles à tout bout de champ.

Conseil

De manière générale, évitez autant que possible de prendre contact directement sur un réseau social digital avec une personne qui pourrait manquer l'information, la recommandation ou la demande que vous lui envoyez. Beaucoup de professionnels laissent en effet passer les messages envoyés directement sur les réseaux sociaux digitaux. Exception faite des informations confidentielles telles que celles qui ont trait à une opportunité de changement de poste, préférez si possible lui envoyer directement un courriel sur son adresse professionnelle. Évitez également autant que possible d'envoyer un e-mail à l'adresse personnelle récupérée sur le réseau digital. Cela peut sembler intrusif.

Fiche 41 LIMITER LES RISQUES

Souvent passés sous silence, les risques des réseaux sociaux digitaux sont réels. S'ils sont mal maîtrisés, ces outils peuvent en effet faire perdre du temps ou provoquer des erreurs de casting.

Les réseaux sociaux digitaux nécessitent de partager des informations, ce qui implique notamment des risques en termes d'intelligence économique. Puisque vous trouvez de l'information sur les autres, ceux-ci peuvent aussi en trouver sur vous (voir l'encadré p. 156).

Quels sont les principaux risques ?

L'usurpation d'identité

Créer un profil étant très simple, une usurpation d'identité est vite arrivée. Pour prévenir ce risque, effectuez une veille par vous-même et contactez les administrateurs du réseau social en cas de besoin.

Être sursollicité

Parce que vous serez visible, beaucoup de professionnels viendront vous proposer des idées et surtout essayer de vous vendre des prestations. Plus grave, certains de vos contacts, ayant peu ou prou accès à votre carnet d'adresses virtuel (n'oubliez pas que vous ne pourrez souvent pas masquer qui sont vos connexions partagées), demanderont à se recommander de vous pour accéder à d'autres de vos contacts. Et inversement, vous serez parfois contacté par des personnes se recommandant de contacts communs afin de vous rencontrer. Si cette demande est réellement faite par l'entremise de ces contacts communs, directement ou non, il vous sera parfois délicat de répondre par la négative.

Consacrer trop de temps aux réseaux sociaux

Il est par exemple facile de se laisser distraire par un flux d'informations très volumineux et parfois sans valeur. Il est donc primordial d'apprendre à hiérarchiser les informations.

Accorder trop de crédit à un profil séduisant

Sur les réseaux sociaux, les informations sont déclaratives. De même, les recommandations ne se valent pas toutes. Privilégiez les recommandations effectuées par les personnes que vous connaissez ou que vous pensez sérieuses.

Rester connecté avec des personnes avec qui vous n'êtes pas en bons termes

Nettoyez de temps en temps votre liste de relations. Certains contacts avec qui vous avez eu quelques tensions pourraient dire du mal de vous à une personne souhaitant se renseigner sur vous. Encore une fois, les connexions partagées ne peuvent pas être dissimulées. Dans certains cas, peut-être serait-il préférable de supprimer le lien avec un contact.

Intelligence économique et réseaux sociaux digitaux

Les réseaux sociaux digitaux permettent de trouver un grand nombre d'informations par recoupement. Mais le revers de la médaille, c'est que beaucoup d'informations sur vous peuvent également être découvertes ou devinées, qu'il s'agisse :

- de votre clientèle ;
- des liens que vous avez avec certaines personnes (recommandations, anciens collègues, etc.).

Dans leur livre *La Boîte à outils de l'intelligence économique* (p. 156 et 157), Christophe Deschamps et Nicolas Moinet parlent d'« ingénierie sociale 2.0 ». Apprenez à vous prémunir contre ce risque.

Pour aller plus loin

Christophe Deschamps et Nicolas Moinet, *La Boîte à outils de l'intelligence économique*, Dunod, 2011.

Chapitre

12 Communiquer pour se faire connaître

La communication d'expertise est un excellent moyen de développer sa notoriété auprès de son réseau. Vous pouvez espérer des retombées en y consacrant un temps raisonnable.

Fiche 42 SOIGNER SES RELATIONS PRESSE

Apparaître dans la presse peut permettre très marginalement de gagner directement des clients. Cela contribue surtout à améliorer la notoriété d'un professionnel du conseil ou d'une structure. Il s'agit d'une excellente manière de compléter des actions de réseautage directes. Vos relations presse peuvent être traitées en interne ou par un professionnel externe.

Les relations avec la presse grand public et professionnelle sont souvent indispensables au développement de la notoriété d'une structure ou d'une personnalité. Il ne sera ici question que de communication d'expertise, le but de celle-ci étant de montrer au lecteur que votre structure est à même de travailler sur certains sujets.

Dans la mesure où cela rapportera rarement des clients directement, il sera difficile de chiffrer les retombées de vos actions auprès de la presse. Pourtant, même si les effets sont difficilement mesurables, ils ne doivent pas être négligés. Gardez à l'esprit que le client, le prospect ou le prescripteur déjà rencontré dans la vraie vie remarquera vos propos dans la presse, de même que, pour la personne que vous n'avez jamais rencontrée, votre nom ne sera plus inconnu.

Privilégiez les supports de presse les plus rentables pour vous en termes de retombées commerciales. Il s'agira souvent de la presse professionnelle. Soyez certain que vos articles auront davantage de chances d'être lus par vos clients, prospects et prescripteurs.

Le piège à éviter

Vous contenter de communiquer dans une publication uniquement lue par vos confrères. Ce type de communication est plus utile pour faire connaître votre cabinet dans la profession et donc attirer des talents que pour contribuer au développement d'un courant d'affaires.

Vous pouvez vous occuper des relations presse :

- par vous-même ;
- avec un attaché de presse interne ;
- avec une agence de presse.

Différentes formes d'intervention

L'interview

Vous pouvez être cité dans le cadre d'articles de fond de la presse professionnelle ou pour réagir à l'actualité.

> *Exemple : un consultant en conduite du changement pourra être cité par un magazine professionnel bancaire sur la stratégie d'accompagnement mise en œuvre dans le cadre d'une délocalisation de services informatiques par exemple.*

La tribune

Vous pouvez rédiger une tribune dans une revue spécialisée par exemple. Dans ce cas, respectez le calibrage (la taille de l'article) imposé et rendez-la à temps. C'est le seul moyen pour que l'on vous sollicite de nouveau.

> *Exemple : avocat spécialisé dans la défense des épargnants, proposez à un hebdomadaire spécialisé en gestion de patrimoine de rédiger un article sur une évolution jurisprudentielle que vous connaissez bien. S'agissant d'une cible de non-spécialistes, il faudra bien sûr être aussi pédagogue que possible.*

Réseauter avec le journaliste

Le but du jeu sera de développer de bonnes relations avec le journaliste. Il faudra le respecter et vous faire respecter. Pour que cela fonctionne, il faut considérer le journaliste comme un client. Parallèlement, si vous vous rendez disponible et parvenez à être clair, le journaliste pourra vous considérer comme *un bon client*. Sans avoir aucune formation de communication, certains professionnels indépendants réussissent à faire partie des personnes systématiquement appelées par des journalistes spécialisés dans ces mêmes sujets.

Le piège à éviter

De la même manière que certains consultants sont critiqués parce qu'ils consacrent trop de temps à des interventions dans des formations, d'autres professionnels peuvent être critiqués s'ils apparaissent trop souvent dans la presse, alors que leurs clients, souvent personnes physiques, se plaignent de la lenteur avec laquelle leurs dossiers sont traités. La notoriété peut alors avoir des effets négatifs.

Prendre contact avec le journaliste par vous-même

Prenez contact avec le journaliste par un courriel synthétique expliquant ce qu'est votre activité et sur quels sujets vous pourriez intervenir à l'avenir s'il le souhaite. Proposez-lui une rencontre informelle pour commencer.

> **Le piège à éviter**
>
> Se plaindre auprès de lui de ne pas être recontacté ou cité alors que vous lui avez consacré du temps. Vous êtes le demandeur ; le journaliste fait ce qu'il veut. Si vous n'êtes pas d'accord avec cela, évitez de le contacter.

Faciliter autant que possible son travail

Un journaliste fera d'autant plus facilement appel à vous que vous serez conciliant et efficace. Sans être à ses ordres, rendez-vous disponible.

Lui rendre service

Vous pouvez par exemple le mettre en relation avec une personne susceptible de répondre à ses questions. Ce sera également l'occasion de faire plaisir à un de vos contacts désireux d'être cité dans la presse. Demandez préalablement à votre contact s'il accepterait de parler à un journaliste sur un sujet donné : ne le mettez pas devant le fait accompli (voir la fiche 21 – Effectuer une mise en relation).

Limiter les risques

Si vous n'acceptez pas une certaine dose de risque (propos légèrement déformés, etc.), ne travaillez pas avec la presse ou cantonnez-vous à la rédaction de tribunes.

Ces risques peuvent cependant être limités.

Demander systématiquement à relire ses citations

Soyez réactif en répondant au journaliste dès que celui-ci vous les envoie, surtout si vous travaillez avec un quotidien.

> **Le piège à éviter**
>
> Évitez de tout réécrire. Amendez le strict nécessaire.

Éviter les sujets polémiques

Contentez-vous de répondre au journaliste en « *off* » (c'est-à-dire sans que votre nom soit cité) pour lui rendre service. Soyez clair là-dessus. Les plus avisés éviteront de réagir directement sur une affaire médiatique. Ils se borneront à donner des éléments de contexte, même en *off*. Les plus prudents éviteront même d'échanger avec les journalistes de publications susceptibles de rédiger certains sujets sous un angle particulièrement polémique.

Coordonner sa politique presse en interne

Établissez une charte des relations avec les journalistes en interne pour déterminer qui prend la parole auprès des journalistes et comment sélectionner les sujets.

Pour aller plus loin

Delphine Jouenne, *Nouvelles Stratégies médias des métiers du conseil*, Editea, 2007.

Fiche 43 ADRESSER UNE LETTRE D'INFORMATION

La lettre d'information est un excellent moyen de faire en sorte que les clients pensent à vous. Sélectionnez les sujets traités avec attention.

La lettre d'information (ou *newsletter*) permet aux clients de penser à vous. Il n'est pas rare que des demandes surviennent en réponse à l'envoi d'un tel document.

Avant toute chose, informez-vous sur les contraintes légales (Loi « informatique et libertés » en France) liées à l'envoi de ces lettres d'information. Réfléchissez ensuite aux types d'informations que vous souhaitez adresser aux destinataires. D'autres risques, plus commerciaux que réglementaires, doivent enfin être pris en compte (voir l'encadré p. 164).

De quoi parler ?

Donner des informations sur sa structure

Dosez ce type d'information ! Limitez-vous aux informations importantes susceptibles d'intéresser le client.

> *Exemple : votre société vient de racheter une officine plus petite ou vous venez d'associer des collaborateurs.*

Donner des informations sur ses opérations

Ces informations permettent à vos contacts de penser à vous lorsqu'ils devront mener des projets similaires ou recommander quelqu'un pour ces types d'opérations.

> *Exemple : une société de conseil en fusions-acquisitions a accompagné l'année dernière trois entreprises dans le secteur des médias. Il vous sera plus facile, armé de ces informations, de la recommander à votre client pour son expertise reconnue, quitte à lui transmettre la lettre d'information pour appuyer votre propos.*

Donner des informations sur les évolutions de son secteur

Si votre métier est technique et le permet, essayez d'informer avec réactivité les clients et prospects des dernières nouveautés.

> *Exemple : les avocats et les notaires ont souvent matière à informer leurs contacts de modifications législatives.*

Conseil

Déterminez la table des matières en équipe. Le parti pris d'un article écrit par l'un des consultants pourrait provoquer un incident diplomatique avec les clients d'un autre département. Toute démarche de franc-tireur au sein de la structure doit être prohibée.

À QUI L'ADRESSER ?

Le travail de qualification des contacts auxquels vous destinez la lettre d'information est très important. Les experts du marketing les plus pointus segmenteront les listes en fonction du contenu de la lettre d'information.

N'oubliez pas d'adresser ces lettres d'information aux journalistes. Vous pourrez ainsi leur donner des idées de sujets sur lesquels vous interviewer.

Si vous souhaitez communiquer auprès de certains clients potentiellement intéressés par un sujet un peu sensible, envoyez-leur l'information par courriel. Vous maîtriserez certainement mieux la liste des destinataires.

Conseil

Adressez la lettre d'information avec un message personnalisé à un contact que vous savez très intéressé par le sujet. C'est l'occasion de vous rappeler à sa mémoire et, peut-être, de provoquer un rendez-vous.

Réduire les risques commerciaux

Ces risques peuvent notamment avoir trait :

- à une absence de coordination en interne, si bien que des articles soutenant une position allant à l'encontre de l'intérêt commercial de la structure pourraient être rédigés. Pour éviter cela, mettez en place un comité de relecture des articles diffusés à vos contacts ;
- aux témoignages d'invités dans la lettre d'information. Il peut par exemple s'agir de clients ou de prescripteurs réguliers de votre structure. Sélectionnez-les avec une grande rigueur. Certains de vos clients ou partenaires pourraient être froissés d'apprendre que vous travaillez aussi avec des concurrents, même en l'absence de conflit d'intérêts direct. De même, certains prescripteurs pourraient être tentés de moins vous référencer sur des missions s'ils sont amenés à penser, à juste titre ou non, que vous êtes trop fortement impliqué dans un partenariat avec un concurrent.

Fiche 44 TENIR UN BLOG

À condition d'avoir quelque chose à dire, tenir un blog peut être un excellent vecteur de notoriété pour certains professionnels du conseil. Il peut offrir une visibilité toute particulière à des indépendants.

Le blog est un site web permettant à un internaute de rédiger des textes (*posts*) relatifs à sa vie personnelle, professionnelle ou à un sujet particulier. Pour les professions du conseil, le blog peut compléter ou remplacer un site internet présentant l'activité de la structure de conseil. Ce dernier cas concernera surtout les professionnels indépendants. Le blog permet notamment de se faire connaître en réagissant sur des questions d'actualité, en communiquant sur des produits et des services ou en donnant des conseils. Un prospect auprès de qui vous avez été recommandé pourra visiter votre blog pour en savoir plus sur votre expertise avant de décider de vous contacter ou non.

Le blogging est différent du microblogging (voir l'encadré p. 166).

> *Exemple : un conseil en communication peut appâter des prospects sur son blog en faisant part de son expertise grâce à quelques conseils en termes de gestion de crise. Quand bien même il ne s'agirait que des gestes de premier secours, cela pourrait donner envie au visiteur d'en savoir davantage.*

Définissez votre stratégie éditoriale et, une fois de plus, veillez à ne pas mettre votre structure en porte-à-faux par rapport aux informations postées sur votre blog.

UN BLOG S'ALIMENTE

Ne laissez pas votre blog prendre la poussière. Bloguer est un travail d'endurance.

Trouver de vrais sujets

Évitez de publier pour publier. Traitez des sujets sur lesquels vous avez eu l'occasion de réfléchir et avez une valeur ajoutée.

Publier à fréquence régulière

Trop de blogs sont lancés pour être rapidement abandonnés, les dernières publications datant parfois de l'année précédente.

Modérer les commentaires

Votre blog laissera aussi la parole aux autres. Il vous faudra effectuer un travail de modération des commentaires sans pour autant tomber dans la censure lorsque vous serez critiqué.

Réseauter avec son blog ?

Le blog peut être un prétexte de réseautage :

- avec les autres blogs. Vous pouvez recommander d'autres blogs professionnels, tout comme vous pouvez être recommandé, ce qui améliorera votre visibilité ;
- avec les personnes commentant vos publications. Vous pouvez proposer à des personnes dont les commentaires laissés sur votre blog sont intéressants de vous rencontrer autour d'un café. Dans ce cas, votre blog sera un produit d'appel pour de nouveaux contacts.

À noter

Dans la vraie vie, le réseau ne va pas sans une certaine courtoisie. On ne fait pas n'importe quoi sur le Net. Celui-ci a sa propre étiquette. La *netiquette* correspond aux règles de savoir-vivre applicables sur la Toile (blogs, forums, courriels, etc.). Elle suggère par exemple de mettre des destinataires d'un même courriel ne se connaissant pas en copie cachée et non en copie apparente.

Le microblogging est-il utile ?

Plate-forme de microblogging, Twitter est autant un média qu'un réseau social. Il permet de publier (*tweeter*) des messages de 140 caractères maximum. S'il est très utile pour communiquer auprès de clients dans la grande consommation par exemple, qu'en est-il pour les professionnels du conseil assistant une clientèle moins grand public ?

.../...

.../...

Certains d'entre eux consacrent du temps à ce réseau social digital principalement en retweetant des liens vers des informations économiques, des articles professionnels ou des actualités diverses. Avec un nombre intéressant d'abonnés (*followers*) qualifiés, certains professionnels parviennent certainement à gagner de la visibilité. À vous de juger, en fonction de votre tempérament et de votre secteur d'activité, si le jeu en vaut la chandelle.

Pour aller plus loin

Carolyn Abram, Laura Fitton, Michael E. Gruen, Leslie Poston, *Les Réseaux sociaux Facebook et Twitter pour les Nuls*, First Interactive, 2012.

Erwan Le Nagard, *Twitter*, Pearson, 2012.

Thomas Parisot, *Réussir son blog professionnel – Image, communication et influence à la portée de tous*, Eyrolles, 2010 (2e éd.).

PARTIE 6

ENTRETENIR SON CARNET D'ADRESSES

Il faut entretenir son carnet d'adresses pour ne pas manquer d'opportunités. Rien ne sert de vouloir entrer en relation avec trop de personnes si vous ne savez pas rester en contact avec les premiers arrivés.

Chapitre

13 Se servir des événements

En plus d'offrir la possibilité de rencontrer de nouvelles personnes, les événements sont aussi l'occasion d'entretenir son carnet d'adresses. Une bonne préparation permet de maximiser le retour sur investissement.

Fiche 45 ASSISTER AUX ÉVÉNEMENTS

Il existe de multiples raisons de se rendre à des événements. C'est l'occasion de rencontrer de nouvelles personnes ou d'entretenir vos contacts. Adoptez l'attitude qui vous correspond le mieux.

La vie des affaires permet d'être invité à de nombreux types d'événements : cocktails, petits déjeuners thématiques, déjeuners de club, etc. Il y a plusieurs raisons de se rendre à des événements professionnels :

- être visible des personnes de votre écosystème que vous connaissez déjà ;
- faire de nouvelles rencontres professionnelles ;
- faire plaisir aux promoteurs de cet événement : les clients et les prescripteurs qui ont fait la démarche de vous inviter apprécieront que vous y participiez.

Préparer l'événement

Réfléchir au thème traité

Si cela n'est pas obligatoire, il peut être utile de vous renseigner sur le thème de l'événement afin d'être en mesure d'en discuter au besoin avec les autres participants.

Prévoir qui vous êtes susceptible de croiser à cette occasion

Pensez d'abord au client, prospect, prescripteur ou partenaire qui vous invite. Ayez un petit mot au sujet de la raison de l'organisation de cet événement : présentation de résultats, anniversaire, etc. Gardez à l'esprit que vos contacts habituels, stars du jour, auront très peu de temps à vous consacrer.

Peut-être cet événement sera-t-il l'occasion de diversifier votre carnet d'adresses en échangeant avec des associés de votre contact ou avec d'autres opérationnels de l'entreprise. Réfléchissez ensuite aux contacts de l'écosystème du client que vous pourriez croiser.

S'inscrire soigneusement à l'événement

Si vous étiez bien invité, l'entrée à un événement ne vous sera normalement pas refusée au motif que vous ne figurez pas sur la liste. En revanche, vous ne disposerez pas d'un badge officiel mais d'un badge manuscrit, bien moins lisible et présentable qu'un badge préparé à l'avance.

Tenir son engagement

Quand on s'est engagé à assister à un événement, il faut le faire, ne serait-ce que pour saluer brièvement les personnes qui s'attendaient à vous voir. Si vous ne pouvez plus y aller, prévenez l'organisateur dès que possible.

Demander à être accompagné ?

Les cas sont différents. Commencez par regarder si l'invitation est strictement individuelle ou non. Dans certains cas, l'invitation spécifie que vous pouvez être accompagné, voire que vous pouvez parrainer quelqu'un.

Si cela n'est pas mentionné, vous pouvez demander à l'organisateur si cela le dérange, en précisant que, bien évidemment, vous comprendriez que cela ne soit pas envisageable.

Le piège à éviter

Évitez de vous rendre à un événement accompagné d'un concurrent de l'organisateur de l'événement. Dans la mesure où l'organisateur invite ses clients, cela constituerait une faute de goût impardonnable.

Pendant l'événement

Une fois que vous serez sur place, essayez de jeter un rapide coup d'œil à la table des badges, histoire de voir si des personnes que vous connaissez ou que vous aimeriez rencontrer assistent à cet événement.

Vous vous demandez quelle posture adopter dans l'arène ? Soyez naturel avant tout. Ne cherchez pas à vendre des services mais plutôt à faire des contacts.

Différents cas de figure peuvent être envisagés.

Vous ne connaissez personne

Certaines personnes ont peur de se retrouver seules pendant un événement, notamment un cocktail. Si c'est votre cas, faites-vous violence. Vous ne savez jamais avec qui vous allez échanger : il est possible de faire une rencontre qui rentabilisera tous les efforts passés.

Le piège à éviter

Collecter des cartes de visite pour ne rien en faire.

Vous connaissez quelques personnes

C'est l'occasion de rencontrer de nouveaux contacts par leur biais.

Vous connaissez énormément de monde

Vous êtes « comme à la maison ». C'est l'occasion d'échanger des informations, des nouvelles. Vous devriez rencontrer beaucoup de gens à l'aide des présentations.

À noter

Certaines personnes aiment poser des questions à des conférenciers ou aborder les gens pour leur demander ce qu'ils ont pensé de l'exposé. Pourquoi pas ? Soyez vous-même avant tout. Mais ne le faites que si vous avez sincèrement un avis car on risque fort de vous retourner la question.

Après l'événement

C'est le moment de rentabiliser le temps passé.

- Commencez par envoyer un e-mail aux organisateurs pour les remercier de cette invitation.
- Si vous avez fait des rencontres prometteuses, battez le fer tant qu'il est chaud et envoyez un courriel pour convenir d'un moment pour vous rencontrer. Si vous avez eu une idée, ne la laissez pas s'envoler et proposez-la rapidement. Inversement, si quelqu'un vous a envoyé un courriel, répondez-lui même si cela ne vous intéresse pas vraiment.

Assister à un événement plaisir avec le client

Une autre possibilité peut être d'inviter des clients, prospects ou prescripteurs à vous accompagner à un événement que vous n'organisez pas mais qui est un événement *plaisir* : événement sportif ou culturel prestigieux, etc. .../...

…/…

Réfléchissez à la liste des membres de l'équipe du client que vous souhaitez inviter. Il faudra nécessairement faire des choix tout en évitant de froisser certains professionnels. Ne vous leurrez pas : il est parfois difficile de faire venir votre client, que celui-ci soit très sollicité ou qu'il en fasse une question éthique en refusant pour ne pas se sentir redevable. Laissez-lui le choix et proposez-lui suffisamment en amont de vous accompagner pour qu'il puisse réserver ce créneau.

Le jour dit, laissez le choix au client ou prospect de parler d'un projet ou d'un dossier en cours s'il le souhaite. Il n'est pas censé être invité à cet événement pour parler de ses affaires.

Fiche 46 ORGANISER UN ÉVÉNEMENT

Organiser un événement demande de gros efforts et représente souvent des dépenses importantes. Le travail de réseautage mérite d'être optimisé. Pourtant, cet aspect est souvent délaissé par les organisateurs, faute de temps et de stratégie.

Qu'il s'agisse d'une conférence ou d'un cocktail par exemple, toute organisation d'un événement prend du temps. Au-delà des aspects logistiques, il est important de rentabiliser l'événement en termes de réseautage. En effet, cet événement est organisé pour faire rayonner la structure auprès de ses clients et développer sa notoriété auprès de prospects. Il faut donc en maximiser les retombées.

Pourquoi organiser un événement ?

Cela vous permettra de faire connaître votre structure en espérant un gain de notoriété auprès de clients, prospects ou prescripteurs qui se rencontreront également entre eux. Cet événement sera parfois l'occasion de découvrir des liens insoupçonnés entre certains de vos contacts. Certains clients de longue date pourront attester la qualité du travail que vous fournissez auprès de nouveaux clients ou prospects. L'inverse est rarement vrai : il est rare que des clients mécontents, même s'ils ont été invités par erreur, se rendent à un cocktail de leurs prestataires.

Vous pouvez vous appuyer sur de multiples prétextes :

- la célébration d'un événement particulier (anniversaire, association, etc.) ;
- une présentation technique auprès d'un public ciblé…

Conseil

Certains événements, tels que des petits déjeuners techniques, peuvent être coorganisés. Choisissez bien les professionnels que vous allez associer à cet événement. Certains d'entre eux pourraient, aux yeux de la place, ne pas présenter la même image d'expertise ou avoir la même éthique que celles que vous entendez véhiculer.

…/…

.../...

Un autre risque existe : certains prescripteurs potentiels, concurrents de la société avec laquelle vous organisez cet évènement, pourraient avoir l'impression que vous ne travaillez qu'avec cette structure, et donc que vous la recommanderez systématiquement à vos clients. À tort ou à raison, sans espoir de renvoi d'ascenseur de votre part, ces prescripteurs potentiels pourront cesser de vous recommander.

Avant l'événement

C'est l'occasion de :

- revoir vos listes de contacts. Tout comme les vœux, l'organisation d'un événement donne l'occasion de faire le point sur les relations avec ses clients, dont certains ont parfois été perdus de vue ;
- réseauter en équipe. Échangez également avec vos collègues et associés sur les personnes que vous pourriez mutuellement vous présenter. C'est l'occasion pour toute l'équipe d'en savoir plus sur le parc de clientèle du cabinet.

Conseil

Pour qu'un maximum de personnes invitées soient présentes, commencez par envoyer un *save the date* aux invités. Puis, envoyez l'invitation environ un mois et demi avant l'événement, ensuite un rappel quinze jours avant l'événement et enfin un mail aux personnes qui ont répondu favorablement deux jours avant l'événement. Cela évitera aux personnes tête en l'air de laisser passer la date...

Pendant l'événement

Vous n'aurez pas de temps à consacrer à chacun. Faites de votre mieux. S'il s'agit d'une conférence, prévoyez un temps avant et après l'événement pour discuter avec vos invités. Demandez aux personnes de votre entreprise d'être également présentes aux moments clés de cet événement pour qu'elles participent elles aussi aux activités de réseautage. D'autant plus que les personnes avec qui elles ont l'habitude de travailler demanderont certainement à échanger avec elles.

Conseil

Placez quelques personnes de votre société à l'entrée de l'événement afin d'accueillir chaque invité. C'est le meilleur moyen de ne pas faire d'oubli.

Après l'événement

C'est l'occasion de rebondir. Vous disposerez d'une grande marge de manœuvre pour en exploiter les retombées.

Il est nécessaire de :

- faire le bilan des personnes qui sont venues ;
- les remercier. Dans la mesure du possible, essayez de leur adresser un mot personnalisé. Excusez-vous auprès des personnes que vous n'avez pas pu voir.

S'il s'agissait d'une présentation thématique, faites-la parvenir aux personnes qui sont venues comme à celles qui n'ont pas pu se libérer mais en ont manifesté le souhait.

Le piège à éviter

Ne faites pas involontairement culpabiliser les personnes qui ne sont finalement pas venues à la présentation sans vous prévenir en usant d'une formulation maladroite dans un courriel. Elles pourraient se sentir obligées de s'excuser de leur absence.

Chapitre

14 Profiter des vœux de fin d'année

Les vœux de fin d'année sont une occasion en or pour garder le contact avec des clients, prospects et prescripteurs.

Fiche 47 RENOUER OU GARDER LE CONTACT

Les vœux permettent de garder le contact ou de le renouer. À un certain stade, il s'agit d'une opération de communication à part entière.

Punition pour certains, occasion rêvée pour les autres, les vœux sont l'occasion de se rappeler au bon souvenir de ses contacts. L'essentiel est de s'y prendre en amont et de déterminer une stratégie, en équipe ou non.

POURQUOI ADRESSER SES VŒUX ?

Une grosse partie du travail de réseautage consistant à faire en sorte que vos contacts pensent à vous, les vœux restent une occasion parfaite pour cela.

Voici quelques raisons de se plier à l'exercice :

- pour beaucoup de personnes, cela reste un rituel important ;
- pour proposer une rencontre sans avoir besoin de trouver un énième prétexte ;
- pour garder le contact avec ses pairs et anciens collègues ;
- pour évaluer la proximité d'une relation après une période difficile. Après un conflit ou une période de froid, les vœux peuvent en effet faire office de ballon-sonde… Si votre contact répond à vos bons vœux, vous pourrez vous sentir plus à l'aise pour effectuer une reprise de contact plus directe.

Conseil

Ne vous froissez pas si certaines personnes ne vous répondent pas. Il faut avoir une solide carapace pour faire du *business development*. Si vous adressez vos vœux pendant des années à quelqu'un de très haut placé, il pourra se souvenir de vous le jour où vous lui adresserez une idée concrète.

Le piège à éviter

Adresser ses vœux à un prospect potentiel que vous ne connaissez absolument pas est une méthode de démarchage qui peut sembler « bas de gamme ».

Mise à jour des contacts

La période des vœux constitue une excellente occasion de mettre à jour son fichier de contacts. Cette mise à jour devra avoir lieu :

- avant l'envoi des vœux ;
- après l'envoi des vœux. Dans certains cas, la réponse permettra également de mettre à jour le fichier de contacts, soit que la personne qui vous répond vous fasse part de ses nouvelles fonctions dans l'entreprise, soit qu'un message d'erreur ou un retour à l'expéditeur vous revienne par la poste.

Conseil

Si la personne a quitté l'entreprise sans vous en informer, cherchez dans quelle structure elle travaille désormais et mettez à jour votre fichier.

Quand faut-il adresser ses vœux ?

Cela dépend des pays.

- Chez les Anglo-Saxons, les vœux sont adressés en décembre en souhaitant de bonnes fêtes.
- En France, l'envoi se fait plutôt en janvier. L'idéal est certainement d'envoyer ses vœux au cours de la première quinzaine de janvier pour ne pas avoir l'air de l'indécrottable retardataire qui se plie au rituel parce qu'il faut bien le faire.

Fiche 48 ALTERNER L'ÉLECTRONIQUE ET LE PAPIER

Les vœux électroniques et les vœux papier ont chacun leurs avantages et leurs inconvénients. Il est possible de mixer les deux méthodes. Personnalisez autant que possible vos envois.

En permettant de joindre des vidéos, de faire des animations, etc., les nouvelles technologies ont complètement révolutionné l'envoi des vœux. Pour autant, les vœux papier restent très appréciés. Une carte de vœux papier aura probablement une plus grande valeur aux yeux du destinataire.

Voici les questions à vous poser :

- À qui adresser vos vœux ? La personne à qui vous faites parvenir vos vœux sera-t-elle sensible à une carte de vœux papier ou, au contraire, va-t-elle trouver cela dépassé ?
- Si vous devez choisir ? Réservez les vœux papier aux personnes qui comptent le plus dans votre entourage professionnel : prescripteur, client important, prospect.
- Pour la réponse ? Il est approprié d'utiliser le même support que votre interlocuteur : répondez par courriel à ses vœux électroniques et par voie postale à une carte de vœux papier.

Comparatif des contraintes des vœux papier et électroniques

	Électronique	Papier
Graphisme	Oui	Oui
Impression	Non	Oui
Coût de l'envoi	Coût faible	Coût de l'affranchissement
Temps passé	Très faible si envoi groupé. Plus de temps en cas de personnalisation	Important

Personnaliser ses vœux

Il faut personnaliser autant que possible ses vœux. N'en faites pas trop, votre message doit avant tout avoir l'air sincère. Adaptez-vous aux relations que vous entretenez avec votre destinataire : tutoiement, vouvoiement, plaisanterie, etc. Si votre contact vous a été utile, remerciez-le pour les services rendus ou pour les dossiers présentés tout au long de l'année. Si, à l'inverse, vous le connaissez peu, resituez au besoin dans le message le contexte dans lequel vous avez fait sa connaissance.

Pour certains contacts moins stratégiques à vos yeux, les vœux groupés restent acceptables.

À noter

Contrairement à ce que beaucoup semblent croire, ce n'est pas parce que vous avez opté pour des vœux électroniques que cela vous empêche de les personnaliser.

Coordonnez-vous en interne

Il est essentiel de se coordonner avec ses collègues, voire, dans certains cas, de signer les vœux à plusieurs. En effet, rien de tel, pour marquer un esprit d'équipe, que de cosigner une carte. Planifiez cette opération minutieusement.

- Commencez par faire une liste des personnes qui devront recevoir des vœux communs.
- Démarrez cette opération suffisamment tôt pour que tous les signataires puissent signer la carte.

Conseil

Restez cohérent. Si vous envoyez des vœux à certaines personnes de l'équipe, faites attention aux susceptibilités des uns et des autres. Il serait malvenu d'envoyer des vœux à un seul membre ou d'en oublier un alors que vous avez envoyé une carte à tout le monde.

Chapitre

15 Mesurer son potentiel et sa progression

Un bilan peut aussi bien se faire en termes d'efforts que de résultats. N'oubliez pas que les retombées peuvent être directes ou indirectes.

Fiche 49 QUANTIFIER SES EFFORTS ET RÉSULTATS

Il est important de faire parfois le bilan du travail de réseautage que vous aurez accompli. Ce sera également l'occasion de déterminer quelle stratégie vous convient le mieux.

N'oubliez pas qu'une démarche de réseautage donne des retombées à moyen et à long terme. Quantifier ses efforts et ses résultats permet donc de surmonter avec davantage de facilité les phases de découragement (voir la fiche 9 – Lutter contre les phases d'essoufflement). Cela vous permettra également de déterminer ce qui fonctionne pour vous, les types d'actions avec lesquelles vous êtes plus à l'aise. Cette démarche vous sera donc utile pour rectifier le tir si besoin.

Déterminez d'abord ce qui est important pour vous. Voici quelques indicateurs qui vous aideront à faire le point :

- Le nombre de contacts et la cartographie de ces contacts : avez-vous réussi à diversifier vos contacts ?
- Le nombre de tentatives de mise en relation par un de vos contacts : chaque fois qu'un contact vous prévient qu'il a donné votre nom à un client potentiel, notez-le.
- Le nombre de mises en relation effectuées, puis transformées : il s'agit des prospects que vous avez pu voir grâce à vos contacts et de ceux qui ont pu devenir vos clients.
- Ce que vous avez apporté à vos contacts. Mémorisez également ce que vous avez apporté à d'autres professionnels. La logique du réseautage veut que ce soit celui qui a le plus donné qui aura le plus de chances de recevoir en retour. Si vous êtes un grand pourvoyeur de services et de recommandations auprès de quelques professionnels seulement et sans réels retours, essayez peut-être de saupoudrer davantage les recommandations.

À noter

Dans son livre *Acheter et vendre du conseil* (p. 76 *et sq.*), Stéphane Adnet détaille dix-sept indicateurs possibles d'un tableau de bord commercial applicable aux professions du conseil.

Pour aller plus loin

Stéphane Adnet, *Acheter et vendre du conseil*, Eyrolles, 2008.

Fiche 50 GÉRER EFFICACEMENT SES LISTES DE CONTACTS

Une gestion des listes efficace est cruciale. Tout prétexte est bon pour les examiner une nouvelle fois. Les tenir à jour consciencieusement permet de ne pas laisser passer trop d'opportunités.

Les listes de contacts ne servent pas seulement de listes d'envoi d'invitations ou de vœux. Elles constituent un point névralgique du réseautage. Faites travailler votre mémoire réseau en relisant régulièrement vos listes imprimées. Cela vous permettra d'affirmer vos réflexes et de penser plus facilement à quelqu'un d'utile dans une situation.

Soyez méthodique : de la même manière qu'il faut penser à ajouter tout nouveau contact dans les réseaux sociaux, il faut immédiatement ajouter les nouveaux contacts et mettre à jour les contacts existants dans ses listes.

À noter

En France, certaines listes de contacts doivent être déclarées auprès de la Commission nationale Informatique et Libertés (CNIL).

UNE OU PLUSIEURS LISTES

À vous de trouver les aménagements pratiques qui vous conviennent le mieux. Faut-il :

- Utiliser un tableur ou un logiciel ? Se contenter de son logiciel informatique basique ?
- Se cantonner à une seule liste sur un tableur avec des filtres ? Les filtres peuvent avoir trait aux vœux, à l'envoi de *newsletters*, etc. Si des confrères concurrents doivent figurer dans vos listes de contacts, il peut être judicieux de leur créer une catégorie dédiée. Ainsi, vous pourrez les faire ressortir en un clic grâce à ce filtre et éviterez de les inviter par erreur à un événement

que vous organisez, si bien qu'ils pourraient très facilement échanger avec vos clients durement conquis.

- Tenir des listes communes à toute la structure ?

Conseil

Il faut toujours être prêt à partir. Trop de professionnels quittent leurs associés ou leur employeur sans emporter leur carnet d'adresses personnel. Il est donc primordial de tenir ses listes à jour et d'effectuer des sauvegardes régulières pour partir sans oublier les coordonnées de ses contacts.

Utiliser ou pas un logiciel de CRM ?

Un logiciel de CRM (*Custom Relationship Management*) est un outil, souvent collaboratif, de gestion commerciale des contacts. Il permet de suivre l'évolution des discussions avec ceux-ci : entrée en relation, discussion, date fixée pour reprendre contact, etc.

Il est en effet très difficile de se souvenir et de partager toutes ces informations dans la mesure où ce ne sont pas des données aussi facilement stockables et assimilables que du chiffre d'affaires ou du temps passé. Particulièrement utile dans le cadre d'actions de prospection, un logiciel permet de garder l'historique des potentielles opportunités. De plus en plus sophistiqués, ces logiciels peuvent être synchronisés avec des réseaux sociaux ou avec des logiciels d'envoi de lettres d'information. S'il est correctement utilisé, un logiciel de CRM permet de garder la trace d'informations même si des départs ont eu lieu. Corollairement, le nouveau venu aura accès à des informations utiles pour comprendre l'historique de la structure. En général, un système de gestion de droits permet de paramétrer qui a accès à tels types d'informations.

Pour autant, ces outils ne constituent pas la panacée : s'agissant d'outils collaboratifs internes, il faut que tous les professionnels d'une société de conseil jouent le jeu du partage d'information et s'astreignent à renseigner les champs des formulaires, ce qui est souvent loin d'être gagné.

Index

S

T

V

Bibliographie

Carolyn Abram, Laura Fitton, Michael E. Gruen, Leslie Poston, *Les réseaux sociaux Facebook et Twitter pour les Nuls*, First Interactive, 2012.

Stéphane Adnet, *Acheter et vendre du conseil*, Eyrolles, 2008.

Michaël Aguilar, *Vendeur d'élite*, Dunod, 2011 (5e ed.).

Marc-William Attié, BNI France, *Réussir grâce au bouche-à-oreille*, Dunod, 2012.

David Autissier et Jean-Michel Moutot (dir.), *Consulting au quotidien – 200 fiches*, Dunod, 2014.

Christine Balagué et David Fayon, *Réseaux sociaux et entreprises: les bonnes pratiques*, Pearson, 2011.

Hervé Bommelaer, *Booster son business – Gagner de nouveaux clients grâce au networking*, Eyrolles, 2011.

Hervé Bommelaer, *Booster sa carrière grâce au réseau*, Eyrolles, 2012 (2e éd.).

Hervé Bommelaer, *Trouver le bon job grâce au réseau*, Eyrolles, 2012 (4e ed.).

Hervé Bommelaer, *Décrocher un nouveau poste*, Eyrolles, 2013.

Alain Bosetti et Mark Lahore, *Comment développer votre activité avec votre réseau relationnel*, Dunod, 2012.

Marie-Claire Capobianco et Martine Liautaud, *Entreprendre au féminin – Mode d'emploi*, Eyrolles, 2014.

Olivier Chaduteau, *Positionnement et développement des cabinets de services professionnels*, EMS, 2006.

Bernard Cova et Robert Salle, *Le Marketing d'affaires*, Dunod, 1999.

Xavier Delengaigne, *Organiser sa veille sur Internet*, Eyrolles, 2014 (2e ed.).

Xavier Delengaigne, Pierre Mongin, Christophe Deschamps, *Organisez vos données personnelles*, Eyrolles, 2011.

Christophe Deschamps et Nicolas Moinet, *La Boîte à outils de l'intelligence économique*, Dunod, 2011.

Benoît Duchange, *Consultants, bâtissez votre offre !*, Eyrolles, 2011.

Laurent Dugas et Bruno Jourdan, *Gagner les appels d'offres en équipe*, Dunod, 2008.

Emmanuelle Gagliardi et Carole Michelon, *Réseaux au féminin – Guide pratique pour booster sa carrière*, Eyrolles, 2013.

Delphine Jouenne, *Nouvelles Stratégies médias des métiers du conseil*, Editea, 2007.

Sylvie Lainé, *Le Relationnel utile*, Demos, 2000.

Xavier Leclercq, *Négocier les prestations intellectuelles*, Dunod, 2002.

Erwan Le Nagard, *Twitter*, Pearson, 2012.

Christian Marcon et Nicolas Moinet, *Développez et activez vos réseaux relationnels*, Dunod, 2007 (2e éd.).

Marie-Jeanne Marti et Delphine Barrais, *Cultivez efficacement vos réseaux*, ESF Éditeur, 2009 (2e éd.).

Alain Marty, *Le Guide du networking – Les clubs influents en France*, Éditions du Rocher, 2011.

Florent A. Meyer, *Pratiques de benchmarking*, Lexitis Éditions, 2011.

Réné Moulinier, *Prospection commerciale*, Eyrolles, 2012 (3e ed.).

René Moulinier, *Vendre aux grands comptes*, Eyrolles, 2012 (2e ed.).

Myriam Ogier, *Savoir se vendre en interne*, Éditions d'Organisation, 2003.

Thomas Parisot, *Réussir son blog professionnel – Image, communication et influence à la portée de tous*, Eyrolles, 2010 (2e éd.).

Catherine Pompeï et Roland Bréchot, *Consultants : Trouvez vos premières missions – Développez votre business*, Dunod, 2012 (3e éd.).

Sylvie Protassieff (dir.), *Le Marketing de soi*, Eyrolles, 2014.

Pascal Py, *Méthodes et astuces pour conquérir de nouveaux clients*, Eyrolles, 2009 (3e ed.).

Pascal Py, *Le Responsable commercial et son plan d'actions commerciales*, Eyrolles, 2014.

Laurent Renard, *Le Guide des clubs, cercles et réseaux d'influence*, Village Mondial, 2007.

Christian Romain, *Vendre du conseil… efficacement*, Dunod, 2013 (2e ed.).

Jean-François Ruiz, *Réussir avec les réseaux sociaux*, Express Roularta, « Les Guides Réussite L'Entreprise », 2011.

Jérôme Rusak, *Études de marché et développement clients*, EMS, 2014.

Régis Verley, *J'ai l'esprit réseau*, Éditions d'Organisation, 2002.

Jan Vermeiren et Bert Verdonck, *LinkedIn – Comment optimiser la puissance de votre réseau*, MA Éditions, 2011 (2e ed.).

Devora Zack, *Cultiver son réseau quand on déteste réseauter*, ESF Éditeur, 2011.

www.ingramcontent.com/pod-product-compliance
Lightning Source LLC
Chambersburg PA
CBHW061218220326
41599CB00025B/4682

* 9 7 8 2 2 1 2 5 6 2 2 4 8 *